창덕궁과 창경궁

글·그림 이향우

초판 1쇄 발행 2025년 6월 25일

펴낸곳   인문산책
펴낸이   허경희
주소   서울시 은평구 연서로 3가길 15-15, 202호 (역촌동)
전화번호   02-383-9790
팩스번호   02-383-9791
전자우편   inmunwalk@naver.com
출판등록   2009년 9월 1일 제2012-000024호
블로그 : https://blog.naver.com/inmunwalk
인스타그램 : https://www.instagram.com/inmunwalk

ISBN 978-89-98259-49-5 (73910)

이 책은 지은이와 출판사의 동의 없이 무단전재 및 복제를 금합니다.

값은 뒤표지에 있습니다.

어린이 궁궐 탐방 02

창덕궁과 창경궁

글 · 그림 이향우

인문산책

차례

여러분을 궁궐로 초대합니다__6
문화유산이란 무엇일까요?__10

1. 유네스코 세계유산, 창덕궁
이궁으로 지은 창덕궁__17
창덕궁의 정문, 돈화문__19
궐내각사는 무엇을 하던 건물인가요?__22
금천교는 무슨 의미일까요?__24
어진 정치를 펼친 인정전__30
선정전 가운데 천랑은 무슨 의미일까요?__36
희정당에 왜 서양식 가구가 있을까요?__40
왕비님이 생활하던 공간, 대조전__45
세자의 공부방, 성정각과 관물헌__49
낙선재는 왜 단청이 없을까요?__52
왕실의 휴식 공간, 창덕궁 후원__56
부용정과 연지 주변__58
정조의 꿈, 규장각과 주합루__61
과거시험장, 영화당과 춘당대__64
효명세자의 기오헌과 의두합__66
연꽃을 사랑하여 지은 애련정__68
잔치를 위해 지은 연경당__69
관람정과 승재정__72
어리석음을 깨우치는 폄우사__74
정조 임금님과 존덕정__76
소요정에서 시를 읊어요__78
제왕의 휴식처, 태극정__81
청의정과 농산정__82

2. 왕실 이야기를 품은 창경궁

창경궁은 어떤 궁궐인가요?__87
창경궁의 문은 어디에 있을까요?__91
500년을 흐르는 옥천교__96
소박하지만 기품 있는 정전, 명정전__98
창경궁의 편전, 문정전__104
학문을 드높이는 숭문당__108
사계절을 노래한 함인정__110
환경전과 경춘전__113
왕비님의 공간, 통명전__116
어머니를 위한 집, 자경전__120
성종대왕 태실__122
집복헌과 영춘헌__124
천문을 관측하던 관천대__126
창경궁의 연못, 춘당지__127
100년의 역사를 품은 대온실__130
활을 쏘던 정자, 관덕정__131

부록: 조선의 왕위 계보___132
부록: 궁궐에서 쓰는 말 잇기___133
부록: 십자낱말풀이___134

여러분을 궁궐로 초대합니다

안녕, 어린이 여러분 반갑습니다. 저는 향우 선생님이에요.

먼저 제 소개를 할게요. 저는 우리나라의 역사와 문화를 좋아해서 궁궐에서 자원봉사를 하고 있답니다. 여러분과 궁궐 산책도 하고, 자랑스러운 우리 문화에 대해 많은 이야기를 하고 싶어요.

궁궐은 옛날에는 임금님이 살았던 집이라서 함부로 들어갈 수 없었어요. 그런데 지금 우리나라는 민주주의 사회가 되었어요. 이제 궁궐은 모든 사람이 자유롭게 갈 수 있는 곳이 되었는데, 그만큼 우리의 책임도 중요해졌어요. 임금님이 없는 지금, 우리가 궁궐을 소중하게 지켜야 하는 이유는 바로 궁궐에 우리의 역사와 전통문화가 깃들어 있기 때문입니다.

이곳저곳을 둘러보며 우리 전통 건축과 어우러진 정원의 아름다움과 그 집들이 그 자리에 있는 의미나 그곳에 살았던 옛사람들의 이야기도 생생하게 들을 수 있는 곳이 바로 궁궐이에요. 그래서 지금 제가 여러분과 함께하는 궁궐 탐방은 역사를 공부해야 하는 어렵고 딱딱한 시간보다는, 아름답고 소중한 공간으로 기억하기를 바라는 마음이 훨씬 더 중요하답니다.

서울에는 현재 조선시대에 지은 경복궁, 창덕궁, 창경궁, 덕수궁, 경희궁, 이렇게 다섯 궁궐이 남아 있습니다.

지금 우리가 만나는 궁궐은 원래의 모습과 달리 변한 데도 있고, 그 규모가 작아지기도 했어요. 그렇지만 궁궐은 우리의 자랑스러운 문화유산으로, 그 가치를 이해하고 잘 지켜서 우리 후손에게 물려주어야 할 소중한 공간이랍니다. 궁궐은 바로 우리 조상들의 지혜가 담긴 당시의 생활 모습과 생각 등을 알 수 있는 곳이기 때문이에요. 또한 유네스코 세계유산으로 등재된 종묘와 왕릉 등이 어떤 원리로 만들어지고 지금까지 소중하게 유지되고 있는지 알게 된다면 우리의 역사를 더 잘 이해할 수 있게 되겠지요.

이 책에서는 여러분의 친구 유진이와 동궁이가 조선왕조의 다섯 궁궐과 종묘와 사직, 왕릉을 포함하여 우리의 역사와 문화를 바르게 알고 소중히 지켜나가는 데 도움을 주고자 했습니다. 소중한 우리 문화유산을 잘 알고 지켜가는 일은 누구 혼자가 아닌 한국인으로서 함께해 나가야 할 중요하고 매우 보람 있는 일이기 때문입니다. 뭐든지 궁금한 유진이와 뭐든지 척척인 동궁이랑 함께하는 이번 여행이 여러분을 조선시대로 안내할 거예요.

이제 유진이와 동궁이가 여러분을 궁궐 탐방에 초대합니다. 우리 함께 궁궐에서 만나요.

2025년 이향우

_____ 님

여러분을 궁궐 탐방에 초대합니다

자랑스러운 우리 문화의 산실 궁궐로 여러분을 초대합니다.
타임머신을 타고 옛 선조들이 살았던 궁궐에서
멋진 탐방을 시작해보아요.

초대하는 이
향우쌤, 유진, 동구미

궁궐 탐방대 캐릭터

궁궐에 대해 알기 쉽게 해설해주시는
향우쌤

궁궐에 대해 궁금한 게 많은
궁금이 유진

과거 왕세자로 궁궐에 살았던
동궁이

문화유산이란 무엇일까요?

　문화유산이란 인간이 오랜 시간에 걸쳐 만들어낸 가치 있는 전통으로 우리가 타고났거나 혹은 선조로부터 물려받은 것입니다. 현재 우리의 모습은 어머니, 아버지, 그리고 할머니, 할아버지, 또 그 윗대의 우리 조상의 모습이 계속 이어져 온 소중한 얼굴들입니다. 우리의 성격이나 모습이 나 혼자 갑자기 생겨난 게 아니라 어머니, 아버지의 먼먼 조상으로부터 물려받은 모습이 지금의 나입니다.

　그리고 우리가 물려받은 문화유산은 눈에 보이는 형태뿐 아니라 그 당시 사람들의 생활과 지혜가 담겨 있는 모든 것입니다. 조상들이 만들어낸 문화는 시대를 거치면서 발전하고, 독특하고 다양한 모습으로 남아 역사와 전통이 되었습니다. 문화유산은 우리만 즐기고 없어지는 것이 아니라 후손에게 물려주어야 할 소중한 재산입니다. 우리 문화유산의 가치를 알고 이를 함께 지키고 보존해야 하는 이유가 바로 여기에 있습니다.

　유네스코에서 정의한 세계유산이란 고고학·선사학·역사학·문학·예술 또는 과학적으로 중요하고 국가가 특별히 지정한 유산과 자연유산을 말합니다. 인위적이거나 자연적으로 형성된 국가적·민족적 또는 세계적 유산은 각 나라나 국제연합교육과학문화기구(UNESCO)에서 보호의 대상으로 규정하고 있습니다. 우리나라는 2024년 시행된 〈국가유산기본법〉에서 국가유산을 문화유산·자연유산·무형유산으로 분류합니다.

〈문화유산헌장〉–1997년 12월 8일 제정

문화유산은 우리 겨레의 삶의 예지와 숨결이 깃들어 있는 소중한 보배이자 인류 문화의 자산이다. 유형의 문화재와 함께 무형의 문화재는 모두 민족문화의 정수이며 그 기반이다. 더욱이 우리의 문화유산은 오랜 역사 속에서 많은 재난을 견디어 오늘에 이르고 있다. 그러므로 문화유산을 알고 찾고 가꾸는 일은 곧 나라 사랑의 근본이 되며, 겨레 사랑의 바탕이 된다. 따라서 온 국민은 유적과 그 주위 환경이 파괴·훼손되지 않도록 노력하여야 한다. 문화유산은 한 번 손상되면 다시는 원상태로 돌이킬 수 없으므로 선조들이 우리에게 물려준 그대로 우리도 후손에게 온전하게 물려줄 것을 다짐하면서 문화유산 헌장을 제정한다.

- 문화유산은 원래의 모습대로 보존되어야 한다.
- 문화유산은 주위 환경과 함께 무분별한 개발로부터 보호되어야 한다.
- 문화유산은 그 가치를 재화로 따질 수 없는 것이므로 결코 파괴·도굴되거나 불법으로 거래되어서는 안 된다.
- 문화유산 보존의 중요성은 가정·학교·사회 교육을 통해 널리 일깨워져야 한다.
- 모든 국민은 자랑스러운 문화유산을 바탕으로 찬란한 민족문화를 계승·발전시켜야 한다.

> ■ 유네스코(UNESCO)
>
>
> 유네스코(UNESCO)는 세계의 교육·문화·과학·사회·정보의 교류를 위해 1945년 설립된 유엔의 전문 기구이다. 유네스코가 하는 일 중 가장 유명한 것은 세계유산 지정이다. 세계유산은 세계문화유산과 세계자연유산, 이 둘의 특징을 동시에 지닌 복합유산으로 구분된다. 대한민국은 1950년 6월 14일 제5차 유네스코 총회에서 정식 회원국으로 가입하고, 한국위원회가 1954년 설치되었다. 유네스코는 이외에 세계기록유산, 인류무형문화유산 등을 유지 관리하는 데 힘쓰고 있다.
> 한국은 16건의 세계기록유산을 등록시켰는데, 이는 전체 4위에 해당하며 아시아에서는 가장 많은 기록물을 보유하고 있다.

한국의 유네스코 세계유산

세계유산 총16건—문화유산 14건, 자연유산 2건

석굴암과 불국사, 해인사 대장경판전, 종묘, 창덕궁, 수원화성, 경주역사지구, 고인돌 유적, 제주 화산섬과 용암동굴, 조선왕릉, 한국의 역사마을(하회마을·양동마을), 남한산성, 백제역사유적지구, 한국의 산사·사찰, 한국의 서원, 한국의 갯벌, 가야고분군

세계기록유산 18건

훈민정음 해례본, 조선왕조실록, 직지심체요절, 승정원일기, 조선왕조 의궤, 고려대장경판 및 제경판, 동의보감, 일성록, 난중일기, 조선왕실 어보·어책

세계무형유산 22건—종묘제례 및 종묘제례악

■ 한국의 문화유산 유네스코 선정 연도

1995년 석굴암과 불국사, 해인사 장경판전, 종묘
1997년 창덕궁, 수원화성
2000년 경주 역사유적지구, 고창·화순·강화 고인돌 유적
2007년 제주 화산섬과 용암동굴
2009년 조선왕릉
2010년 한국의 역사마을 (하회마을과 양동마을)
2014년 남한산성
2015년 백제역사유적지구
2018년 산사, 한국의 산지승원
   (통도사, 부석사, 봉정사, 법주사, 마곡사, 선암사, 대흥사)
2019년 한국의 서원
   (영주 소수서원, 함양 남계서원, 경주 옥산서원, 안동 도산서원, 장성 필암서원, 달성 도동서원, 안동 병산서원, 정읍 무성서원, 논산 돈암서원)
2021년 한국의 갯벌
   (충남 서천, 전북 고창, 전남 신안, 전남 보성·순천)
2023년 가야고분군

1. 돈화문 2. 회화나무 3. 금천교 4. 궐내각사 일원 5. 진선문 6. 인정전 7. 선정전
8. 희정당 9. 대조전 10. 성정각 11. 관물헌 12. 승화루 13. 낙선재 영역
14. 부용정 15. 주합루 16. 애련정 17. 연경당 18. 존덕정 19. 옥류천 20. 신선원전

1

유네스코 세계유산

창덕궁

이궁으로 지은
창덕궁

1392년 개경에서 건국한 조선왕조는 한양으로 수도를 옮기고 경복궁을 지었습니다. 그러나 2대 국왕 정종 때 개경으로 도읍을 잠깐 옮겼다가 태종 때 한양으로 다시 돌아왔습니다.

창덕궁은 태종 5년(1405)에 이궁(離宮)으로 지었어요.

왕이 본격적으로 기거하면서 나라의 정사를 돌보는 으뜸 궁궐을 법궁(法宮)이라고 하고, 이궁(離宮)은 왕의 개인적인 이유나 정치적인 상황, 또는 질병이나 화재로 인한 피신, 휴식의 이유 등으로 필요한 여벌 궁궐을 말해요.

응봉(鷹峯) 자락에 기대어 지은 창덕궁은 경복궁과 달리 땅의 생김에 맞게 건물을 짓고, 동쪽으로는 창경궁을 지어 생활공간으로 사용하였습니다. 창덕궁은 창경궁과 함께 동궐(東闕)이라 불렸는데, 경복궁의 동편에 있는 궁궐이라는 의미입니다.

1592년 임진왜란으로 모든 궁궐(경복궁, 창덕궁, 창경궁)이 불타서 광해군이 창덕궁과 창경궁을 짓고 새 궁궐 경희궁까지 지었지만, 경복궁은 폐허가 된 채로 있었어요. 고종 때에 경복궁을 다시 짓기까지 270여 년 동안 창덕궁을 조선왕조의 법궁으로 사용했답니다. 복원된 경복궁으로 왕실이 옮겨가자 창덕궁은 다시 이궁이 되었습니다. 1907년 11월 순종 황제가 즉위 후 창덕궁으로 이어하였습니다. 그 후 1910년 강제 한일합병 조인으로 창덕궁은 조선왕조 역사의 마지막 현장이 되었습니다.

경복궁과 창덕궁은 지어진 모습이 달라요. 경복궁이 유교적 이념으로 엄격하게 지은 궁궐이라면, 창덕궁은 자연과 어우러져 건물들이 산에 기대어 앉은 듯 편안하게 지었습니다. 서울에 있는 조선의 궁궐 중 본래의 모습이 가장 많이 남아 있고, 유일하게 후원 영역이 잘 보존된 창덕궁은 1997년 유네스코 세계유산으로 등재되었습니다.

창덕궁의 정문
돈화문

경복궁은 광화문, 흥례문, 영제교, 근정문과 근정전에 이르기까지 어도(御道: 왕이 다니는 길)가 일직선으로 이어져 있어요. 그러면 창덕궁은 어떨까요? 정문인 돈화문(敦化門)을 들어서서 가다 보면 길이 동쪽으로 꺾이고 금천교를 지나 진선문이 나타납니다. 창덕궁은 자연 지형을 살려 지었기 때문에 건물들이 일직선상에 놓이지 않았어요.

돈화문은 창덕궁의 정문으로 궁궐의 문 중 가장 오래되었습니다. '돈화(敦化)'라는 말은 '임금님이 큰 덕을 베풀어 백성을 잘 이끌고 가르치다'라는 의미입니다. 돈화문 2층에는 종과 북을 달아 백성들에게 시각을 알리거나 급한 일이 있을 때 알렸습니다.

회화나무 아래서 나랏일을 의논하다

돈화문 안쪽에는 천연기념물로 지정된 오래된 회화나무와 느티나무가 몇 그루 있습니다.

궁궐 문 안쪽에 이렇게 괴목(槐木)을 심은 것은 고대 중국의 주나라 때 삼정승(영의정, 좌의정, 우의정)이 그 아래 앉아 나랏일을 의논했다는 데서 비롯되었습니다. 현재 궁궐에 이런 이야기를 알려 주는 회화나무가 남아 있는 곳은 이곳 창덕궁뿐이랍니다.

그리고 회화나무는 옛날 글공부하던 선비들에게는 아주 고마운 나무여서 학자를 키워내는 나무로도 불렸어요. 회화나무는 봄이 되면 아주 늦게 새잎을 틔우고 노란 꽃을 달아요. 꽃이 지면 작은 콩 꼬투리가 많이 달리는데, 가을에 콩을 거두어 말렸다가 기름을 짜서 등잔 기름으로 썼답니다. 지금처럼 전기가 없는 옛날에 선비들이 책을 읽을 때 불을 밝혀 주던 고마운 나무였어요.

> 회화나무는 학자를 키워내는 나무라고도 해요.

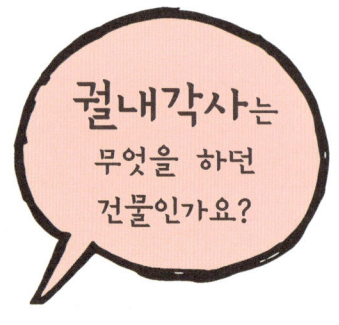

　　　　　　창덕궁 서쪽 문 금호문 안쪽에는 작은 집들이 모여 있어요. 이곳은 창덕궁의 서편 궐내각사입니다. 이곳 궐내각사에는 규장각, 검서청, 약방, 옥당(홍문관) 등이 있습니다.

　궐내각사는 궁궐에 들어와서 일하던 관리들의 관청 사무실로, 궁궐 안의 종합청사라고 할 수 있습니다. 궁궐 밖에는 큰 관청이 있고, 궁궐 안에서 임금님 가까이 보좌하는 업무를 보는 작은 관청이 궐내각사입니다. 유네스코 기념비 뒤편을 지나 궐내각사로 들어가는 문의 현판에는 내각(內閣)이라고 쓰여 있습니다.

궐내각사 입구

규장각

검서청

약방

옥당(홍문관)

궐내각사는 임금님을 보좌하던 궁궐 안의 작은 관청이에요.

금천교는 무슨 의미일까요?

모든 궁궐의 외전 영역에는 반드시 금천(禁川)이 있어서 아무나 함부로 궁궐에 들어오는 것을 막고, 금천교(禁川橋)를 지나면서 사람들이 마음가짐을 바르게 하기를 바랐습니다. 다리를 건너면 임금님이 계신 곳으로 들어가니 더 조심하라는 의미이기도 합니다.

창덕궁의 금천교는 조선시대 궁궐의 돌다리 중 가장 오래된 것으로, 태종 11년(1411) 박자청이 만들었습니다. 창덕궁의 금천교는 '비단처럼 아름다운 물길 위에 세운 다리'라는 의미인 '금천교(錦川橋)'입니다. 금천교 홍예 북쪽에는 현무(玄武: 거북)를 놓았고, 남쪽에는 어진 임금님이 나타난 것을 알리는 백택(白澤)을 조각해 놓았습니다. 그리고 두 개의 홍예 사이 가운데에 나티를 조각해 놓았지요. 모두 물길을 타고 궁궐로 침입하려는 나쁜 기운을 제압하는 의미가 있는 동물 조각입니다.

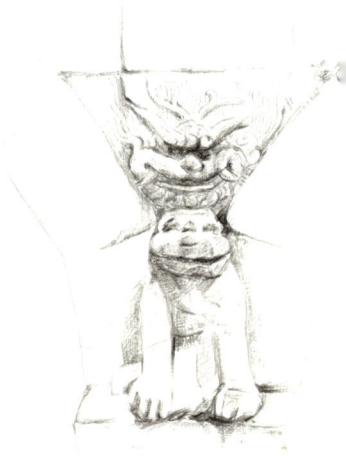

금천교 남쪽의 백택과 나티

금천교의 백택과 나티

창덕궁의 금천교는 무슨 뜻이야?

비단처럼 아름다운 물길 위에 세운 다리라는 뜻이야.

다리 위의 기둥에는 해치가 지키고 있어요. 그런데 해치들이 고개를 갸우뚱하고 있거나, 우리를 보고 히힛! 하고 웃고 있는데요. 우리가 궁궐에 찾아와서 반가운가 봐요. 그리고 또, 엉덩이 뒤쪽에 숨긴 꼬리는 살짝 꼬부라진 게 장난이 가득한 모습입니다. 우리도 궁궐에서 너희를 만나니 반갑구나. 그럼 궁궐 구경 잘할게.

싱긋 웃고 있는 해치 조각상

진선문 안에 신문고를 설치하다

　금천교를 지나 만나는 창덕궁의 두 번째 문이 진선문(進善門)입니다. 태종과 영조 임금님 때 진선문 안에 북(신문고, 등문고)을 달아 억울한 일을 당한 사람이 치게 하였습니다. 일반 백성이 궁궐 안에 들어와 큰 문 안에 있는 북을 친다는 일은 상상하기 어렵지요. 그러나 신문고를 진선문 안에 설치하고 억울한 일을 당한 사람이 북을 치자 나중에 그가 사는 곳을 확인하게 한 《태종실록》의 기사(태종 4년 1월 26일자)에서 신문고를 쳐서 억울한 백성의 말을 듣는 제도가 실제로 실행된 것을 알 수 있습니다. 역시 백성을 사랑하는 임금님이 계셨습니다.

진선문 안쪽 인정문(왼쪽)과 궐내각사(오른쪽)

진선문 안쪽의 궐내각사

진선문을 지나 길게 이어지는 삼도를 따라가면 또 하나의 마당이 인정문 앞으로 펼쳐집니다. 인정문 앞마당 영역에도 궐내각사가 있었습니다.

- **정청(政廳)**

  진선문을 들어서서 바로 왼편에 있는 정청은 병조(군사)에 속한 인사 업무를 처리했다.

- **내병조(內兵曹)**

  진선문 들어서자마자 오른편에 있다. 내병조 마당이 남쪽으로 있어서 진선문 안에서 볼 때 뒷면이 보이는 집이다. 궁궐 문의 자물쇠를 관리하고 왕의 행차가 있을 때 어가를 선도한다.

- **호위청(扈衛廳)**

  왕의 호위를 맡은 관청으로, 호위청의 대장은 왕의 장인이나 정승이 겸했다.

- **상서원(尙瑞院)**

  왕의 옥새와 마패 등을 관리했다.

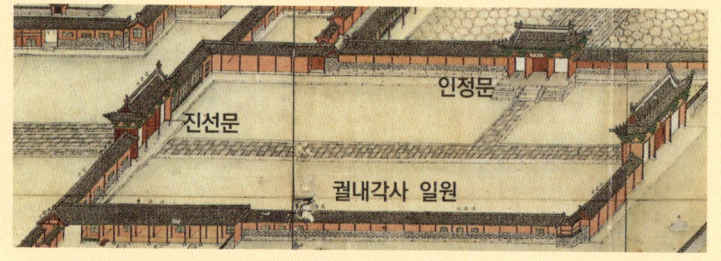

즉위식이 열린 인정문

　인정문(仁政門)에서는 조참(朝參) 의식이 행해졌습니다. 조참은 문무백관이 아침에 임금님에게 문안을 드리는 의례입니다. 경국대전을 보면 매월 5일, 11일, 21일, 25일에 조참이 열렸습니다.

　그리고 인정문 앞마당에서는 선왕이 돌아가신 날로부터 6일째 되는 날 임금님의 즉위식(卽位式)이 행해졌습니다. 국왕의 즉위는 선왕의 장례 중에 치러지기 때문에 그 분위기는 매우 엄숙하고 슬펐습니다. 숙종 임금님은 아버지 현종이 승하하자 며칠을 사양하다가 성복일에 면복(冕服: 면류관과 구장복)으로 갈아입고 대보를 받았습니다.

　왕세자는 인정문 앞에서 즉위식을 마치고 신하들의 하례를 받습니다. 백관들이 새 임금님에게 네 번 절하고 천세, 천세, 천천세! 소리 높여 축가합니다. 즉위식을 마친 후에는 즉위 교서(敎書: 왕이 내린 문서)를 지방관청에 보내 새 임금님의 즉위를 알렸습니다.

어진 정치를 펼친
인정전

　　　　　　인정문으로 들어서면 인정전(仁政殿)이 높은 월대 위에 남향으로 서 있습니다. '인정(仁政)'은 '어진 정치'라는 뜻으로, 임금님께서 백성을 위한 어진 정사를 펼치기를 기원하는 이름입니다.

　인정전은 창덕궁의 정전으로 왕의 즉위식, 세자책봉식, 가례(결혼식), 조하(朝賀: 특별한 날에 신하가 임금님께 축하를 드리던 일), 외국 사신 접견, 과거 등 공식적인 국가 행사를 하던 곳입니다.

더 알아보기

● 이화문장 오얏꽃
인정전 지붕 꼭대기에는 꽃 모양이 다섯 개 붙어 있습니다. 이 꽃 문양은 대한제국의 황실 문장으로 이화문장(李花: 오얏꽃)이라고 부릅니다. 대한제국이 외국에 보내는 문서 및 훈장과 군복, 또 동전이나 모든 황실 재산에 오얏꽃 문장이 새겨졌습니다.

인정전과 삼도의 품계석

인정전 외부는 어떻게 꾸며져 있을까요?

삼도와 품계석

인정문을 들어서면 삼도(三道)가 보이는데, 가운데 길이 양쪽 가장자리보다 넓고 약간 높지요. 가운데 길은 왕이 다니시는 어도(御道)입니다. 삼도 좌우에 있는 품계석(品階石)은 관리의 품계를 나타내는 표지석입니다. 관리들의 질서를 바로 잡기 위해 정조 임금님의 명령으로 세웠습니다. 삼도를 가운데에 두고 동편에 문관(文官)이 서고, 서편에 무관(武官)이 섰습니다. 동쪽에 선 문관을 동반, 서쪽에 선 무관을 서반이라 부르기도 했는데, 여기에서 동서 '양반(兩班)'이라는 말이 생겨났습니다.

어칸석에 새긴 봉황

어도를 지나 인정전 월대에 오르는 계단 중앙 네모난 판석(어칸석)에 구름 속을 날고 있는 새가 두 마리 조각되어 있습니다. 이 어칸석은 답도(踏道: 밟을 답, 길 도)라고도 부르는데, 임금님은 이 돌판을 밟지는 않습니다. 경사면이라서 밟으면 미끄러지겠지요. 계단으로 올라갑니다.

판석에 새겨진 봉황(鳳凰)은 신령스럽게 여기는 상상의 새입니다. 봉황은 봉이 수컷이고 황이 암컷으로 늘 암수 함께 나타나고,

어칸석의 봉황

> 인정전 계단에 새긴 봉황은 태평성대에 대한 소망이죠.

살아 있는 짐승을 먹지 않으며, 초목(풀과 나무)을 꺾지 않으며, 그물에 걸리지 않으며, 무리를 짓지 않으며, 대나무 열매만 먹고, 단이슬이 아니면 마시지 않으며, 천하가 태평성대를 이룰 때에만 나타나는 새입니다. 만약 임금님이 나라를 잘못 다스려서 전쟁이 일어나거나, 흉년이 들어 먹을 게 없어서 백성들이 굶주리거나 세상이 어지러워지면(난세亂世) 봉황이 스스로 사라진다고 말합니다. 인정전 오르는 계단에 봉황을 새긴 이유는 임금님이 나라를 잘 다스려서 백성들이 살기 좋은 태평성대가 이루어지기를 소망하는 의미가 담겨 있습니다.

유네스코 세계유산 창덕궁　33

인정전 내부는 어떻게 꾸며져 있을까요?

인정전의 전등과 커튼

이제 인정전 건물의 안쪽을 살펴볼까요? 1907년 말 순종 황제가 창덕궁으로 옮겨온 후 인정전을 서양식으로 바꾸면서 바닥은 서양식 무늬 마루로 만들고, 천장에는 전등을 달았습니다. 창문 안쪽에는 유리창이 설치되고, 커튼을 달기 위한 커튼 박스도 만들어졌습니다. 전통에서 벗어난 것으로 생각할 수도 있겠으나, 120년 전 우리나라 궁궐이 근대화된 서양 문물을 받아들였던 흔적입니다.

서양 문물로 꾸며진 인정전 내부의 전등과 커튼

소란(小欄)반자

고개를 들어 천장을 올려다볼까요? 인정전을 밖에서 볼 때는 2층으로 보였는데, 내부를 보니 천장이 아주 높은 건물이에요.

인정전의 천장 한가운데에 화려하게 장식한 부분이 있는데, 이를 보개천장이라고 부릅니다. 보개천장은 귀한 사람의 머리 위에 씌웠던 산개(傘蓋: 해를 가리는 일산 같은 씌우개)에서 비롯되었다고 해요. 이 보개천장 한가운데에는 왕권을 상징하는 금색 봉황이 오색 구름 속에 하늘을 날고 있습니다.

일월오봉병(日月五峰屛)

인정전의 북쪽 중앙에 임금님이 앉는 어좌가 있습니다. 어좌는 아주 높게 설치되어 있고, 팔걸이와 등받이에는 용과 모란이 화려하게 조각되었습니다. 그리고 어좌 뒤에는 일월오봉병을 둘렀습니다. 해와 달은 임금님을 상징하고, 다섯 개의 봉우리는 만백성이 깃들어 사는 이 땅을 가리키는데, 임금님의 덕이 천하에 가득하기를 바라는 뜻입니다.

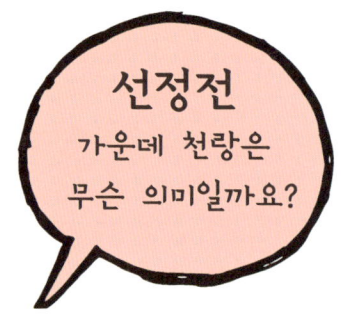

　　　　　　　　　인정전 동쪽에 왕의 집무실 선정전(宣政殿)이 있습니다. 선정전에서는 대신들과 승지, 사관 등이 매일 임금님을 뵙는 상참(常參: 임금님에게 정사를 아뢰던 일)이 있고, 임금님과 신하가 국정을 의논하였습니다.

　선정문과 선정전의 중앙을 가로지르는 행랑이 있는데, 이렇게 건물 중앙을 뚫고 지나가는 행랑을 천랑(穿廊)이라 합니다. 선정전의 천랑은 이곳이 빈전(殯殿)이나 혼전(魂殿)으로 사용되었다는 것을 말해주는 흔적입니다. 조선 후기에는 임금님이 희정당을 집무실로 사용하면서 선정전을 빈전이나 혼전으로 사용했습니다.

　돌아가신 왕이나 왕비의 시신이 든 관을 상여가 나갈 때까지 5개월 동안 궁궐 안에 모시는 건물을 빈전이라 하고, 왕릉에 장사지낸 난 후 궁궐에 돌아와 신주를 모시는 건물을 혼전이라 합니다. 왕의 경우에는 삼년상이 끝나면 신주를 종묘에 모시지만, 왕보다 먼저 돌아가신 왕비의 신주는 왕의 신주를 종묘에 모실 때까지 몇 년씩 혼전에 머무르게 됩니다. 이때 궁궐의 어느 건물을

선정전 천랑

선정전은 궁궐의 유일한 청기와 건물로 중앙을 가로지는 천랑이 있어요.

혼전으로 정해 사용하는데, 영조 임금님의 왕비였던 정성왕후는 창경궁 문정전을 혼전으로 정하고 혼전의 이름을 휘령전이라 불렀습니다. 정성왕후는 64세에 돌아가셨는데, 1776년 영조 임금님이 82세로 승하하고 삼년상을 치른 후 종묘에 신주를 모실 때까지 22년이나 혼전에 있었습니다. 1926년 순종 황제가 돌아가셨을 때는 선정전을 빈전과 혼전으로 사용했습니다.

유일하게 청기와 건물로 남은 선정전

선정전은 조선시대 지은 궁궐의 건물 중 유일하게 남은 청기와 건물입니다. 멀리서 보면 파란 유리 기와가 하늘과 어울려 참 예쁩니다. 하지만 청기와는 유약을 발라 구워야 하므로 검은 기와보다 만드는 값이 아주 비싸요.

광해군이 임진왜란이 끝나고 창덕궁을 복원할 때 선정전에 청기와를 지붕에 올리라는 명령을 했는데, 그 재료를 구입하는 돈이 많이 들어가자 신하들이 말렸어요. 전쟁이 끝난 지 얼마 안 되어 나라 사정이 좋지 않고 백성들도 힘든데, 궁궐에 사치스러운 청기와를 얹은 건물을 짓는 것에 대해 걱정이 많았답니다. 그래도 광해군은 외국에서 유약 재료를 구입하여 청기와를 굽도록 해서 선정전을 지었어요. 이에 대해 임금님의 일을 기록하는 사관은 《광해군일기》에서 임금이 사치하다고 엄한 글로 꾸짖었습니다.

선정전 청기와

선정문 앞마당 궐내각사

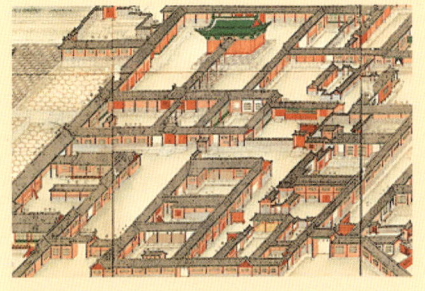

〈동궐도〉에서 보이는 선정전 앞마당 궐내각사

선정전 앞의 넓은 마당은 창덕궁의 동쪽 궐내각사가 있던 자리입니다. 왕을 가까이에서 보필하던 여러 부서로는 승정원, 대청, 빈청, 내반원과 사옹원이 있었습니다. 지금은 볼 수 없는 이 관청들의 위치를 〈동궐도〉에서 확인해 볼까요?

- **승정원(承政院)**
  왕명을 출납하는 일을 맡은 승지들이 근무하던 부서이다.

- **내반원(內班院)**
  궁궐 출입 확인, 왕명 전달, 수라 음식 감독, 문 지키기, 청소, 궁 안의 잡무를 맡았다. (내시들의 근무 공간)

- **사옹원(司饔院)**
  왕의 음식 장만뿐 아니라 그 음식을 담는 그릇도 관리했다. 조선시대 왕실의 그릇을 굽는 가마를 사옹원에서 운영했고, 이를 지방에 두고 분원(分院)이라고 불렀다. 경기도 광주(廣州)의 분원에서 왕실의 그릇을 공급했다.

- **빈청(賓廳)**
  고위 관원들이 선정전에서 어전회의를 하기 전이나 후에 현안을 의논하고 머물던 공간이다.

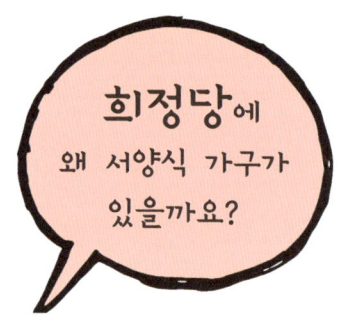

희정당에 왜 서양식 가구가 있을까요?

　　　　　선정전에서 동쪽으로 희정당(熙政堂)이 보입니다. 희정당의 건물 모양이 서양식으로 변형된 것을 확인해 볼까요. 1920년 당시 순종 황제가 타시던 리무진 승용차가 건물에 쉽게 진입할 수 있도록 남행각에 현관(포치, porch) 시설을

1922년 희정당 현관 앞 자동차에서 내리는 영친왕 부부 (국립중앙박물관 소장)

희정당 현관 포치

덧붙여 입구를 바꿨습니다. 그 포치의 머리 부분을 장식한 낙양각에 금박을 올린 대한제국의 오얏꽃 문장이 있습니다.

 희정당은 내전 영역에 속하는 왕의 침전으로 지었으나, 순조 임금님 때부터 편전으로 주로 사용했습니다. 1917년 창덕궁 내전 일대의 화재로 불타버리자 1920년 경복궁 강녕전을 뜯어다가 희정당 자리에 옮겨 지었습니다.

 희정당 내부를 서양식으로 변경하면서 건물 중앙에는 큰 응접실을 두어 순종 황제를 알현하는 방으로 만들고, 그 옆으로 작은 회의실이 있습니다. 동쪽 공간은 여러 칸으로 막아서 황제 알현 대기실, 화장실, 세면실이 들어갔습니다. 서쪽은 주로 시종들이 머무는 사무실입니다. 희정당에는 서양식 가구가 들어오고, 가운데 대청의 알현실(응접실) 동서 양쪽 벽에 금강산 그림을 붙였습니다.

희정당 내부의 서양식 가구들

희정당 내부의 서양식 세면대

희정당 내부는 세면대와 화장실, 의자, 전등 등 서양식으로 꾸며져 있어요.

희정당 안뜰

희정당은 어떤 집이야?

순조 임금님부터 순종 황제까지 편전으로 사용했어.

보경당과 영조의 마음 아픈 효심

희정당과 대조전으로 가는 길 도중에 선정전 뒤편으로 꽤 넓은 빈터가 있습니다. 〈동궐도〉에서 보면 긴 돌계단에 수라간에서 관리하던 항아리가 놓여 있네요. 그러면 잠시 걸음을 멈추고 이곳에서 그 이야기를 들려줄 옛사람을 만나볼까요.

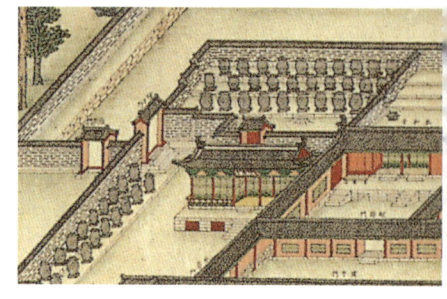
〈동궐도〉에서 장항아리를 놓은 장고가 보인다.

이곳에 숙종 임금님의 후궁 숙빈 최씨가 살았던 보경당이 있었고, 이 집에서 왕자 연잉군이 태어났습니다. 연잉군은 나중에 경종의 뒤를 이어 즉위한 영조 임금님입니다. 연잉군은 길례(吉禮)를 치른 후 경복궁 서쪽에 있던 창의궁으로 나가 살게 되었습니다. 보경당에 어머니를 만나러 온 연잉군은 어머니께 궁인 시절에 가장 힘들었던 일이 무엇이었느냐고 물었습니다. 신분이 낮았기 때문에 궁녀로 일했던 어머니는 누비 바느질이 가장 힘들었다는 말을 했습니다. 요즘처럼 재봉틀도 없던 때에 누비 바느질은 천에 솜을 두어 한땀 한땀 손으로 누벼야 하니 눈도 아프고 힘이 들었겠지요. 어머니의 대답을 들은 왕자님은 그 자리에서 누비 토시를 벗어 던지고 그 후로 평생 누비옷을 걸치지 않았다는 이야기가 전해옵니다.

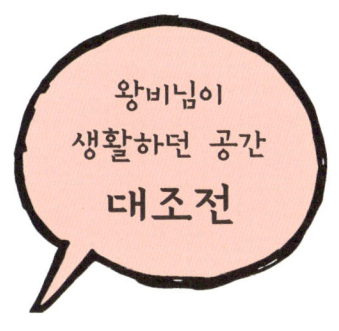

왕비님이 생활하던 공간
대조전

　　희정당 뒤편에 대조전(大造殿)이 있습니다. '대조(大造)'는 '큰 공을 이룬다'는 뜻으로, 국가의 대계를 이어갈 지혜롭고 현명한 왕자의 탄생을 의미합니다. 대조전은 왕비께서 생활하고 주무시는 집입니다. 왕실의 행사가 있을 때 왕비는 이곳 대조전 월대에서 내외명부로부터 조하를 받고 연회를 베풀기

도 했습니다.

  순조 이후에는 희정당을 왕의 편전으로 사용하면서 대조전을 동온돌과 서온돌로 구분하여 왕과 왕비가 함께 사용했습니다. 그리고 1910년 경술국치(庚戌國恥) 때 대조전 흥복헌(興福軒)에서는 마지막 어전회의가 열렸고, 조선은 나라의 국권을 잃었습니다. 1917년의 화재로 내전 일대의 전각이 모두 불에 타자 1920년에 경복궁의 교태전을 뜯어다가 대조전을 지었습니다. 대조전 내부도 희정당과 마찬가지로 1920년 복원 때 서양식으로 개조되었고, 목욕실과 실내 화장실이 설치되었습니다. 1926년 순종 임금님이 대조전 흥복헌에서 승하했습니다.

> 흥복헌은 마지막 어전회의가 열린 곳이에요.

흥복헌

대조전 뒤편의 화계

> **더 알아보기**
>
> ● 대조전 무량각 지붕
> 대조전 지붕은 용마루라는 무거운 인공 시설을 두지 않고 곡와(曲瓦: 위가 둥근 기와)를 써서 무량각 지붕으로 처리했다.

유네스코 세계유산 창덕궁 47

아주 작은 수라간

대조전을 나와 서쪽 좁은 마당으로 들어서면 아주 작은 부엌이 하나 있습니다. 이 작은 건물은 수도를 쓸 수 있고 조리대를 갖춘 현대식 부엌 시설입니다. 서양 요리를 하거나 쿠키를 굽는 오븐도 있습니다. 바로 순종 황제와 윤황후를 위한 식사를 장만하던 근 백 년 전에 지어진 수라간입니다.

현대식 부엌 시설을 갖춘 수라간이에요.

세자의 공부방 성정각과 관물헌

성정각(誠正閣)은 임금님이나 왕세자가 현명하게 나라를 다스리기 위해 공부하고 학자들과 토론하던 곳입니다. 왕이 공부하는 것은 '경연(經筵)'이라고 하며, 왕세자가 공부하는 것은 '서연(書筵)'이라고 합니다. 공부 시간에는 왕과 신하들이 배운 내용과 함께 나랏일을 의논하기도 하였습니다.

성정각(아래층)과 보춘정(위층)

관물헌

왕세자는 글공부뿐 아니라 몸과 마음을 바르게 하는 것도 중요하게 여겼어요. 성정각의 북쪽에 있는 관물헌은 임금님이 신하를 만나 이야기를 나누는 사무실로 쓰거나 세자의 공부방으로 쓰이기도 했답니다. 이처럼 궁궐의 건물은 때에 따라 여러 가지 다른 쓰임새로 이용하기도 했답니다.

그리고 성정각 동쪽으로는 왕세자가 살던 동궁(東宮) 중희당(重熙堂)이 있었어요. 〈동궐도〉를 보면 중희당 앞마당에는 여러 가지 천문 관측기구들이 있었어요. 지금은 승화루, 칠분서, 삼삼와 등 동궁 건물의 일부가 남아 있습니다.

중희당 마당에 천문 기구들이 놓여 있는 것이 보인다.

현재 남아 있는 동궁 일부

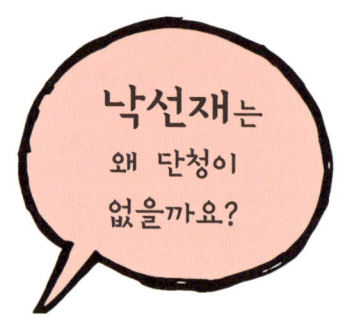

낙선재는 왜 단청이 없을까요?

낙선재(樂善齋)의 대문은 장락문(長樂門)입니다. 장락은 중국 설화의 신선인 서왕모가 살았다는 장락궁에서 따온 이름입니다. 낙선재의 동쪽으로 석복헌, 수강재가 연이어 있습니다. 낙선재의 주인인 헌종은 5대조 할아버지 영조의 검소했던 생활을 닮고 싶어서 낙선재에 단청을 올리지 않았습니다. 낙선재에서는 가장 마지막까지 왕실 가족들이 살았는데, 순정효황후와 이방자 여사(영친왕 부인), 고종의 딸 덕혜옹주가 계셨지요.

낙선재 동쪽 담장의 귀갑문

누마루 아래의 빙렬문

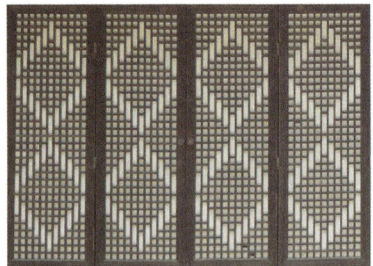
낙선재 문창살

낙선재 만월문

낙선재는 소박한 집이지만, 담장과 문창살, 난간, 굴뚝 등 곳곳에 아름다운 문양으로 꾸며져 있어요.

낙선재 뒤편의 화계

왕실의 휴식 공간
창덕궁 후원

　　　　　　창덕궁 후원은 왕실의 정원으로 북원(北苑), 금원(禁苑), 내원(內苑)이라는 이름으로도 불렸습니다. 후원은 야산을 이용해 곳곳에 작은 정자와 연못이 잘 어우러지게 만든 아름다운 공간입니다. 왕은 이곳에서 나랏일에 지친 몸과 마음을 휴식하고, 자연을 벗 삼아 사색하거나 때로는 사냥하고 활을 쏘았습니다. 춘당대에서 군사 훈련이나 과거시험을 치르고, 왕과 왕비가 백성들에게 농사와 양잠을 장려하는 의식이 후원에서 행해졌습니다. 봄가을 날이 좋은 때에 종종 왕실 가족과 신하들을 위한 연회도 베풀며 함께 즐겼습니다.

　현재 후원의 면적은 약 9만 평으로, 창덕궁 전체 면적 약 14만 5천 평(550,916㎡)의 60퍼센트를 차지하고 있습니다. 서울 한복판에 몇 백 년 된 원시림이 남아 있는 창덕궁 후원에는 약 160여 종의 나무가 자라고, 나이가 300년 이상이 된 나무도 70여 그루에 이릅니다. 또한 68종의 희귀 새가 서식하고 있는 소중한 생태계의 보고(보물창고)입니다.

〈동궐도〉 중 후원 영역

몇 백 년 된 원시림을 이루고 있는 창덕궁 후원에는 휴식을 위한 작은 정자들이 있어요. 〈동궐도〉에서 그 장소들을 찾아보세요.

부용정과 연지 주변

후원으로 들어서면 연못가에 작은 정자 부용정(芙蓉亭)이 보입니다. 부용정은 연못 남쪽에 있는데, 네모난 연못과 가운데 둥근 섬은 천원지방(天圓地方: '하늘은 둥글고 땅은 네모나다'라는 뜻으로, 옛사람들은 하늘의 덕은 둥글고 원만한 데 있고, 땅의 덕은 평평하고 반듯한 데 있다고 생각했다)의 원리를 나타냅니다. 섬 가운데는 신선세계를 상징하는 소나무를 심었습니다. 날씨가 따뜻해지고 꽃이 피면 정조 임금님은 많은 신하들을 후원에 초대하여 꽃구경하고 시도 짓고 낚시를 즐겼어요.

사정기비각

연못 서쪽에 작은 비각이 하나 있어요. 옛날 세조 임금님이 두 명의 왕자에게 우물을 찾게 하여 모두 4개의 우물을 발견했습니다. 그런데 세월이 가면서 우물 두 개만 남고, 그마저 풀이 높이 자라 쓸쓸하기만 하였습니다. 숙종 때 남아 있는 두 우물을 수리하게 하고, 그 연유를 비에 새긴 집을 사정기비각(四井記碑閣)이라 합니다.

등용문 설화에 등장하는 잉어 조각

 연못 가장자리를 쌓아 올린 장대석 중 남쪽 모퉁이 맨 윗돌에는 지금 막 물 위로 힘차게 솟구치는 잉어 조각이 있습니다. 이 물고기 조각의 의미는 어변성룡(魚變成龍)과 등용문(登龍門) 설화에서 유래합니다.

 물고기가 험한 물살을 거슬러 용문에 오른다는 등용문 설화가 있습니다. 중국 황하 상류의 용문 협곡에는 해마다 거친 물결을 거슬러 뛰어오르는 잉어떼가 있는데, 이중 물살을 이겨내고 용문까지 뛰어오른 물고기가 용으로 변한다는 전설에서 유래한 이야기입니다.

잉어 조각상은 등용문 설화에서 유래해요.

정조의 꿈
규장각과
주합루

　　　　　　부용정 연못 북쪽의 높은 언덕 위에 2층집이 보여요. 정조 임금님은 즉위하자마자 젊은 학자들을 모아 학문을 연구하게 하려고 이 집을 지었어요. 아래층은 왕실 서고인 규장각(奎章閣)이고, 위층 주합루(宙合樓)는 도서 열람실입니다.

어수문, 규장각(아래층)과 주합루(위층)

유네스코 세계유산 창덕궁 61

주합루로 올라가는 계단에 문 세 개가 있는데, 이중 가운데 문에 세로로 어수문(魚水門)이라는 현판이 걸려 있습니다. 문은 그리 크지 않은데, 그 장식이 상당히 화려합니다. 소맷돌의 구름 문양이 아름답고 문은 용조각으로 한껏 위엄 있는 모습을 뽐내고 있습니다.

어수문

문 이름 '어수(魚水)'는 '물과 물고기'를 가리키는 말입니다. 수어지교(水魚之交: 물과 물고기의 사귐처럼 친밀함을 뜻함)라는 고사에서 나온 말로, 여기서 물고기는 신하를 뜻하고 물은 정조 임금님입니다. 물고기가 물을 떠나 살 수 없듯이, 그의 신하들도 왕의 뜻 안에서 활약하라는 정조 임금님의 훌륭한 인재 등용과 군주로서의 자신감을 엿볼 수 있습니다.

비선생물입(比先生勿入) 견래객불기(見來客不起)
선생이 아니면 들어오지 말고, 손님이 오는 것을 보더라도 일어서지 말라.

정조 임금님은 규장각에 이 두 글귀를 걸어두고, 인재들이 방해받지 않고 공부에 전념할 수 있도록 배려하였습니다.

연지에서 바라본 어수문, 서향각, 규장각(아래층), 주합루(위층)

규장각은 정조 임금님 때 지었구나.

규장각을 설치하여 인재 등용에 힘쓰셨지.

과거시험장 **영화당**과 **춘당대**

연못 동편에 있는 영화당 앞에는 춘당대(春塘臺)라고 불리던 넓은 마당이 있습니다. 지금은 창경궁과 경계 짓는 담장이 있지만, 원래는 담장 없는 아주 큰 마당으로 임금님은 영화당에 와서 춘당대 마당에서 펼쳐지는 시범 군사 훈련을 살펴보았습니다. 정조 임금님은 춘당대에서 활쏘기를 자주 했는데, 신하들이 임금님의 활쏘는 실력을 따라가지 못할 만큼 활솜씨가 뛰어났습니다.

그리고 영화당(暎花堂)에 임금님이 나와 춘당대 마당에서 치르는 과거시험을 직접 참관했습니다. 임금님은 시험 본 사람들을 격려하고 성적이 우수한 사람에게는 상을 내렸습니다. 나라를 위해 일할 훌륭한 인재를 뽑는 시험이니 왕께서 관심이 많으셨겠지요.

영화당에 임금님이 나와서 춘당대에서 과거시험을 보는 선비들을 직접 참관하셨어요.

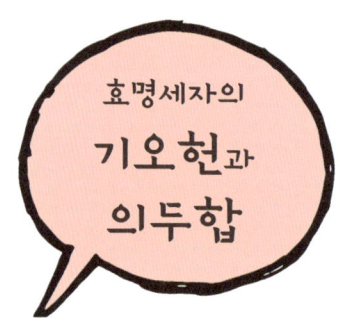

효명세자의 **기오헌**과 **의두합**

의두합(倚斗閤) 들어가는 곳에 금마문(金馬門)이 있어요. 금마문은 원래 중국 한나라 때 궁궐 안에 있던 문 이름인데, 문 옆에 구리로 만든 말이 있었다고 해요. 그리고 금마(金馬)는 한나라 때 나라에서 책을 보관하던 곳의 이름이기도 했습니다. 효명세자가 글을 읽던 의두합에는 현재 마루방에 달았던 기오헌 현판만 남아 있습니다.

금마는 중국 한나라 때 책을 보관하던 곳의 이름이에요.

의두합

　의두합의 이름 '의두(倚斗)'는 '임금의 별자리 북두성에 기댄다'는 뜻입니다. 여기서 북두성은 바로 효명세자의 할아버지 정조를 가리킵니다. 효명세자는 할아버지 정조의 뜻을 이어 왕권을 강력하게 하기 위해 세도정치를 타파하고 바른 정치를 실현하려고 했습니다. 정조 임금님이 지은 규장각에 기대어 의두합을 지은 데에서 효명세자의 의도를 알 수 있습니다.

　순조의 장남 효명세자는 어릴 때부터 총명해서 19세부터 순조의 명으로 대리청정을 펼쳐 뛰어난 군왕의 자질을 보였으나, 안타깝게도 22세에 죽었습니다. 효명세자는 아들 헌종이 즉위한 후 익종으로 추존되었습니다.

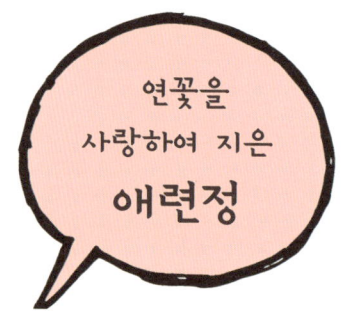

불로문 안쪽으로 들어서서 큰 연못 가장자리에 애련정(愛蓮亭)이 있습니다. '애련(愛蓮)'은 '연꽃을 사랑한다'는 의미입니다. 송나라 때 염계 주돈이는 연꽃을 사랑하는 마음을 애련설(愛蓮說)에 썼습니다. 연꽃이 진흙에서 솟아 나왔으면서도 더럽혀지지 않고, 속이 비었으나 줄기가 곧고, 향기가 멀리 퍼질수록 더욱 맑다고 하였습니다. 사람들은 이런 연꽃의 습성을 보고 군자의 꽃이라고 좋아했습니다.

그리고 숙종 임금님은 후원에 정자를 짓고 그 이름을 애련정이라고 한 이유를 글로 썼습니다.

"연꽃은 더러운 곳에 있으면서도 변하지 않고, 우뚝 서서 치우치지 아니하며 지조가 굳고 맑고 깨끗하여 군자의 덕을 지녔기 때문에, 이러한 연꽃을 사랑하여 새 정자의 이름을 애련정이라고 지었다."

잔치를 위해 지은
연경당

연경당(演慶堂) 가는 길에 돌문 불로문(不老門)이 있습니다. '불로(不老)'는 '늙지 않는다'는 의미예요. 십장생 중 하나인 돌로 만든 불로문은 이 문 안에 들어서는 사람이 늙지 않고 오래도록 살라는 축원을 담았습니다. 효명세자는 아버지 순조 임금님이 연경당으로 가는 길목에 불로문을 세워 아버지가 오래 사시기를 기원하였습니다.

연경당 가는 길목의 불로문

연경당은 효명세자가 순조 28년(1828) 아버지 순조의 40세 생신에 존호를 올리며 의례를 행하기 위하여 진연처로 창건했습니다. '연경(演慶)'은 '경사가 널리 퍼진다'는 뜻입니다.

이곳 연경당은 궁궐 안에 있는 민가 형식의 집으로 단청을 올리지 않은 백골집입니다. 사대부의 99칸 집을 모방하여 지은 집이라고 하지만, 실제로는 120칸 규모입니다. 임금이 사대부가의 생활을 알기 위해 지은 곳입니다. 순조는 이곳에 올 때 평복으로 갈아입고 왔다고 합니다.

연경당의 대문인 '장락문(長樂門)으로 들어서면 여성들을 위한 안채와 남성들을 위한 사랑채가 낮은 담장으로 나누어져 있습니다. 남녀의 공간을 엄격히 구분하였던 조선시대 유교적인 개념에서 이 담장이 필요했겠지요. 사랑채는 바깥 주인의 거처로 당시 사대부

연경당을 당호로 쓰고 있는 사랑채

낮은 담장으로 안채와 사랑채를 구분하고 있는 연경당

들의 사교의 장이었고, 안채는 안주인의 생활공간입니다. 안채 뒤 북쪽 담장에는 여자 하인들이 음식을 장만하거나 바느질, 세탁 등 집안의 허드렛일을 하던 공간인 반빗간도 있습니다.

관람정 현판

관람정과 승재정

후원으로 좀 더 깊숙이 들어가면 구불구불한 연못이 보여요. 연못 주변에는 부채꼴 모양의 관람정(觀覽亭), 승재정(勝在亭), 폄우사(砭愚榭), 존덕정(尊德亭)이 있습니다.

관람정이 있는 주변은 연못이 길게 있고, 정자가 여럿 있어요. 〈동궐도〉를 보면 원래 이곳 일대에는 네모난 연못 두 개와 동그란 연못이 남북으로 나란히 있었는데, 세 개의 연못이 합쳐져서 길게 이어진 모습이 되었습니다. 현재의 관람정 주변의 모습은 고종 때 만들어진 것으로 추측됩니다.

연못가 낮은 곳에 있는 관람정은 부채꼴 모양의 정자로 선자정(扇子亭)이라고도 합니다. 물 가까이에 정자를 지어서 마치 강물에 배를 띄우고 물놀이 하는 것처럼 보이는 정자예요. 관람정 건너편에 있는 승재정은 언덕 위에서 연못을 내려다보고 있어요.

승재정의 괴석

승재정(위쪽)과 관람정(아래쪽)

폄우사(砭愚榭)는 효명세자가 글 읽던 곳으로, 집의 이름은 '어리석음을 경계한다'는 의미입니다.

폄우사 앞에는 옛날 누군가 양반의 팔자걸음을 연습하던 디딤돌이 있습니다. 이 돌판을 밟고 옛날 양반의 팔자걸음을 걸어보는 것도 재미있어요. 그런데 잊지 말아야 할 것은 우리가 생각하는 것보다 훨씬 거들먹거리며 양팔을 휘휘 저으며 걸어야 팔자걸음의 자세가 나온답니다.

왜냐하면 옛날 사람들의 옷차림은 우선 소매가 매우 길고 또 옷을 겹겹이 껴입었기 때문에 양팔로 크게 휘를 치면서 걷지 않으면 옷에 감겨서 걸음을 제대로 걸을 수가 없거든요. 우리 모두 에헴~ 양반걸음을 걸어보아요.

양반걸음을 위한 판석

정조 임금님과 존덕정

관람정을 지나 작은 돌다리를 건너면 존덕정(尊德亭)이 있습니다. 존덕정의 천장 내부에는 청룡과 황룡이 어우러져 있고, 북쪽에는 정조 임금님의 글을 쓴 나무판이 걸려 있습니다. 글의 제목은 '만천명월주인옹자서(萬川明月主人翁自序)'로, 이 글의 내용은 '만개의 냇물이 달빛을 받아 빛나지만, 하늘에 있는 달은 오직 하나'라는 뜻입니다. 정조 임금님 자신을 달에 비유하여 달빛이 만개의 냇물을 고루고루 비추듯 백성을 사랑하는 마음과, '하늘의 달이 하나이듯 임금도 오로지 정조 자신 하나뿐이다'라며 강한 임금님의 권위를 나타내고 있습니다.

존덕정 천장의 쌍룡

정조의 '만천명월주인옹자서'

존덕정과 반월지

소요정에서 시를 읊어요

　　　　　　　이제 승재정, 폄우사, 존덕정을 뒤로하고 다시 다리를 건너 북쪽으로 가면 옥류천(玉流川)에 이르는 길입니다. 옥류천으로 가는 동안 한적한 숲소리를 들으며 걸어보는 게 좋겠습니다. 가만히 귀 기울이면 숲속의 새소리와 바람소리도 들리고, 딱따구리가 높은 나무 둥치를 쪼아대는 소리가 숲을 울린답니다.

　언덕을 지나 창덕궁 후원의 가장 북쪽 끝인 옥류천 계곡으로 내려가면 취한정(翠寒亭)이 있습니다. 원래 취한정 일대에 소나무군락이 울창했는데, 100여 년 세월이 흐르는 동안 식생이 바뀌어 느티나무 군락지가 되었어요. 창덕궁 후원은 이렇게 숲이 스스로 모습을 바꾸는 자연 원시림의 생태도 유지하고 있답니다.

　이제 작고 좁은 돌다리를 건너면 소요정(逍遙亭)이 보입니다. 소요란 자연 속에서 천천히 걷는 것을 말해요. 순조 임금님은 정치적으로 중요한 일을 다스리다가 소요정에 나와 보면 정신이 맑아

진다고 했어요. 소요정 앞 커다란 바위에는 인조 임금님의 어필 (御筆: 임금님이 손수 쓴 글씨)로 옥류천(玉流川)이라 쓰여 있고, 그 위에 숙종 임금님이 지은 시가 있습니다.

비류삼백척(飛流三百尺)이니
요락구천래(遙落九天來)하고
간시백홍기(看是白虹起)하니
번성만학뢰(飜成萬壑雷)라.

흩날리는 물 삼백 척이니
멀고 먼 하늘에서 떨어지는구나
보고 있자니 흰 무지개 일고,
골짜기마다 우레소리 가득하다.

인조 어필 옥류천과 숙종의 오언절구

비류삼백척

우리도 시를 지어요.

인조 임금님 때 소요정 앞의 넓적한 바위에 얕은 홈을 파서 물길을 만들고 물이 떨어지는 폭포를 만들었습니다. 왕과 신하들은 이곳에서 물길을 따라 흐르는 술잔을 돌리며 시를 짓는 유상곡수연(流觴曲水宴)을 즐겼어요. 유상곡수연이란 흐르는 물 위에 술잔을 띄우고 술잔이 자기 앞에 올 때 시를 한 수 읊는 놀이입니다.

작은 물길을 삼백척의 폭포로 표현한 힘찬 기백이 느껴지죠.

제왕의 휴식처 태극정

       소요정, 태극정(太極亭), 청의정은 옥류천 지역에서 경치가 뛰어난 상림삼정(上林三亭)이라 해요. 숙종 임금님은 그중에 태극정을 임금님이 몸과 마음을 깨우치는 장소라고 말했습니다. 지금의 태극정 모습은 기둥만 있지만, 아직도 기둥에는 문을 달았던 문날개가 남아 있습니다. 태극정에서 임금님에게 음식이나 다과를 올렸을 것으로 짐작할 수 있습니다.

청의정과 농산정

청의정(淸漪亭)은 궁궐 안에 있는 유일한 초가 정자로, 천원지방 원리에 따라 지붕은 둥글게, 바닥은 네모나게 만들었습니다. 현재 청의정 앞의 작은 논에서 봄에 모내기하고 가을에 추수하는 행사를 합니다. 이곳 청의정의 벼농사는 궁궐 안에서 임금님이 농사를 짓던 모습을 생각해 볼 수 있어서 의

초가 지붕 청의정

미가 있어요. 임금님은 백성들이 힘들게 농사짓는 일을 몸소 체험하기 위해 궁궐에 논을 만들어서 농사를 지었어요. 임금님이 농사짓던 논은 창경궁에 있었는데, 연못 주변을 놀이동산으로 만들면서 일제강점기에 없어졌답니다.

음식이나 다과를 준비하던 농산정

옥류천을 둘러보고 나오는 길에 농산정(籠山亭)이 있습니다. 온돌방과 부엌이 딸려 있어 임금님이 옥류천으로 행차했을 때 음식이나 다과를 준비하던 곳입니다. 정조 임금님은 1795년(정조 19) 어머니 혜경궁 홍씨의 회갑잔치를 위해 화성 행궁으로 떠나기 전 후원 일대에서 어머니의 가마 메는 연습을 시키고 수고한 관원들에게 이곳 농산정에서 음식을 대접했습니다. 이 해는 어머니의 연세가 60세 되는 환갑이었는데, 부모님이 동갑이었기 때문에 돌아가신 아버지 사도세자도 환갑이었습니다. 두 분 부모를 위한 회갑 잔치를 위해 한양에서 아버지의 능이 있는 수원까지 가야 했기 때문에, 어머니를 모시고 먼길을 떠나기 전 조금이라도 편히 모시려는 효성에서였을 거예요.

1. 홍화문 2. 옥천교 3. 명정전 4. 문정전 5. 숭문당 6. 함인정 7. 경춘전 8. 환경전
9. 통명전 10. 양화당 11. 집복헌과 영춘헌 12. 자경전 터 13. 성종대왕 태실
14. 춘당지 15. 대온실 16. 관덕정 17. 관천대

2
왕실 이야기를 품은
창경궁

창경궁의 정문 홍화문

창경궁은 언제 세워졌어?

태종이 세종에게 왕위를 물려주고 지내던 수강궁이 있었고, 그 터에 성종 때 창경궁을 지었어.

창경궁은 어떤 궁궐인가요?

창경궁(昌慶苑)은 태종 5년(1405)에 창덕궁(昌德宮)을 완공하여 이궁으로 삼았습니다. 1418년 태종은 세종에게 양위하고 상왕이 되어 수강궁(壽康宮)을 짓고 살았습니다.

● 세종 즉위년(1418) 11월 3일(기유) 4번째 기사
완공된 상왕전의 신궁을 수강궁이라고 하다. 상왕전(上王殿)의 신궁(新宮)이 이루어졌으므로, 그 궁의 이름을 수강궁(壽康宮)이라 하였다.

1455년에는 단종이 수양대군에게 왕위를 빼앗기고 수강궁에서 머물렀습니다. 그리고 세조가 병이 깊어지자 이곳에서 죽기 하루 전에 예종에게 임금의 자리를 물려주었습니다. 예종은 수강궁에서 즉위했습니다.

성종 때에는 창덕궁에 연결하여 창경궁을 지어 생활공간을 늘렸습니다. 조선의 9대 성종 임금님은 위로 세 분의 대비를 모셨습니다. 성종 임금님은 할머니 정희왕후(세조비), 어머니 소혜왕후(덕종비 인수대비), 작은 어머니 안순왕후(예종비)를 모시기 위하여 수

강궁을 확장하여 창경궁을 지었습니다. 성종 임금님은 창경궁을 짓고 왕실 어른들을 위한 성대한 연회를 베풀어 기쁘게 해드렸습니다. 창경궁은 임금님의 정성어린 효심으로 지은 궁궐입니다.

성종 15년(1484) 9월 새 궁궐이 지어졌을 때 정희왕후는 이미 승하한 후였고, 창경궁에는 두 분 대비를 모시게 되었습니다. 창경궁은 왕의 정사를 위한 법궁으로의 역할보다 생활 공간을 넓힐 목적으로 세워져 경복궁이나 창덕궁과 달리 조용하고 아늑한 느낌이 듭니다.

창경궁은 임진왜란과 이괄의 난으로 불타고 그때마다 재건한 후에 또다시 몇 차례의 화재를 겪었습니다. 그리고 순조 30년(1830)의 대화재 때는 환경전, 경춘전, 숭문당까지 불탔는데, 다행히도 명정전과 명정문, 홍화문 등은 무사했습니다.

고종이 일제에 의해 강제로 퇴위당하고 순종이 즉위한 후 창덕궁으로 이어하면서 일제는 창경궁을 파괴하기 시작했습니다. 일제는 순종의 창덕궁 이어(移御: 임금님이 거처하는 곳을 옮김) 이듬해인 1908년부터 임금의 마음을 달래준다는 명목으로 창경궁 안의 전각 60여 채를 헐어내고 동물사를 짓고 식물원을 설치하는 한편, '춘당지'라는 연못을 파고 일본식 정자를 세웠습니다. 한 나라의 왕궁이 당시 동양 최대의 동물원과 식물원이 되어 놀이공원, 창경원(昌慶苑)으로 전락하는 수모를 겪게 된 것입니다. 이렇게 공원으로 일반에게 공개했던 창경원을 1983년에야 창경궁으로 복

1912년 자경전 터에 세워진 이왕가 박물관

구하기 시작했습니다.
　1983년 7월부터 복원공사를 위해 일반 공개를 중단하고 창경궁으로 원래 이름을 되찾았습니다. 동물원을 서울대공원으로 옮기고, 일부 전각들을 복원하였으며, 숲과 연못 주변을 전통 조경으로 만들었습니다.

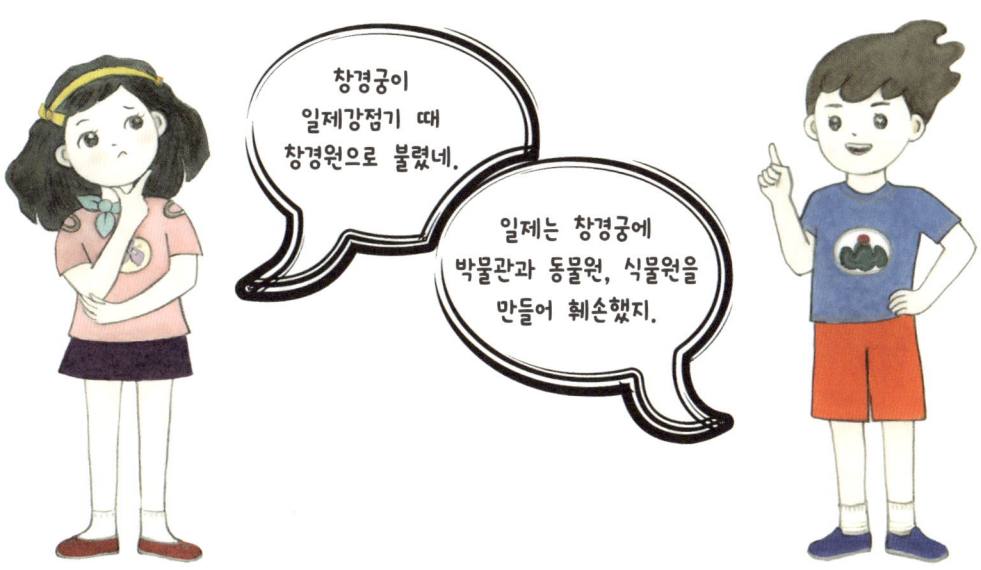

《원행을묘정리의궤》 중 〈홍화문사미도〉

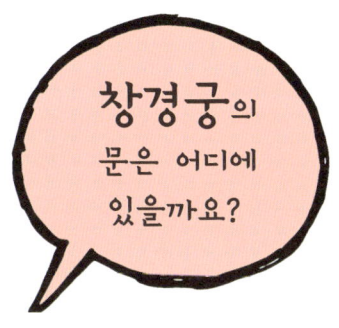

홍화문

창경궁의 정문은 홍화문(弘化門)입니다. '홍화(弘化)'는 '조화를 넓힌다'는 뜻입니다. 다른 궁궐의 정문이 대부분 남향인데, 홍화문은 동향으로 앉았습니다.

홍화문 밖은 왕이 백성을 생각하고 함께 만나던 곳으로, 백성들과 가장 가까이 있었던 궁궐이 창경궁입니다. 영조는 균역법을 실시할 때 홍화문에서 백성들의 의견을 들었으며, 정조는 홍화문에 친히 나아가 가난한 백성들에게 쌀을 나누어주었습니다. 그때의 장면이 〈홍화문사미도弘化門賜米圖〉에 그려져 있습니다.

- 균역법
조선 영조 26년(1750)에 백성의 세금 부담을 줄이기 위하여 만든 납세 제도. 군포를 두 필에서 한 필로 줄여 군역(軍役)의 부담을 덜어주기 위해 실시하였다.

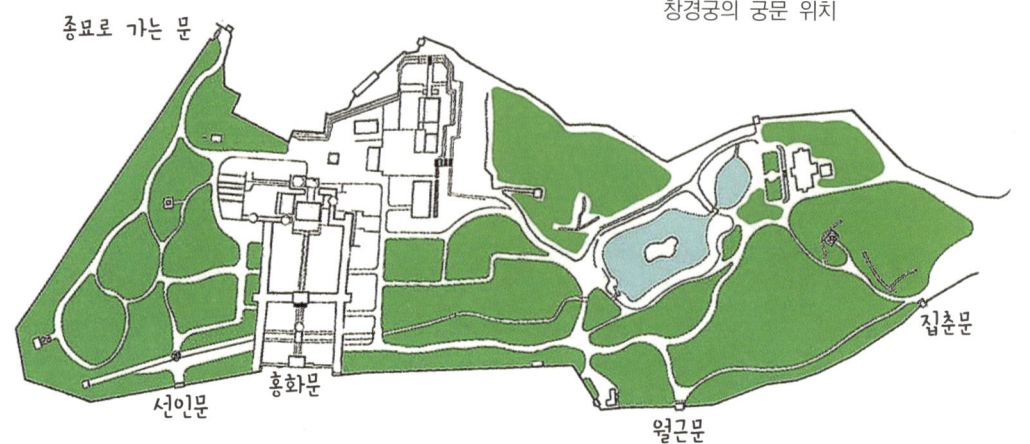

창경궁의 궁문 위치

선인문

선인문(宣仁門)은 창경궁 동쪽 문으로 홍화문의 남쪽에 있습니다. 선인문은 왕세자가 머무는 동궁(시민당)에 가까웠고, 관원들이 궐내각사에 출입할 때 주로 이 문으로 드나들었습니다. 창경궁의 정문 홍화문은 왕이 창경궁에 거둥할 때나 어떤 행사가 있을 때를 제외하고는 거의 닫아두었던 데

선인문

비해 선인문은 늘 열려 있어서 가장 자주 사용했던 문입니다.

1506년(연산군 12) 중종반정으로 연산군이 퇴위당해 선인문으로 쫓겨났고, 영조의 아들 사도세자가 뒤주에 갇혀 죽은 곳도 선인문 안마당입니다. 선인문 안쪽에는 오래된 회화나무 한 그루가

선인문 안쪽 회화나무

있습니다. 〈동궐도〉에도 그려진 이 나무는 사도세자의 죽음과 아버지를 잃은 정조 임금님의 슬픔을 기억하고 있겠지요.

월근문

홍화문 위쪽으로 월근문이 있습니다. 월근문은 정조 임금님이 함춘원 언덕(현재 서울대학교병원)에 있는 경모궁(사도세자의 사당)에 갈 때 홍화문을 거치지 않고 편히 드나들기 위해 만들었습니다. 문 이름 '월근(月覲)'은 '매달 뵙는다'는 뜻으로 정조 임금님이 매달 초하루에 경모궁에 참배하러 갈 때 사용한 문입니다. 정조 임금님은 월근문을 세우고 한 달에

월근문

한 번 경모궁에 배례하여 '어린아이가 어버이를 그리워하는 것 같은 내 슬픔을 펼 것이다'라고 아버지를 그리워하는 마음을 드러냈습니다.

종묘로 가는 작은 문

원래 창덕궁·창경궁·종묘는 담장만으로 구분된 하나의 영역입니다. 예전에는 창경궁의 관천대 남쪽에 동궐과 종묘(宗廟)를 연

결하는 문이 있었습니다. 영조와 정조 때 종묘 북쪽 담과 궁성(宮城) 남쪽 담이 서로 닿은 언덕에 북신문(北神門)을 세우고 초하루, 보름에 종묘에 계신 선조들께 인사를 올렸습니다. 그러나 이 문은 일제강점기에 동궐과 종묘 사이에 찻길을 내면서 없어지고, 두 곳을 연결하는 육교가 설치되었습니다. 일제는 율곡로 개설을 반대하던 순종 황제가 승하하자, 1932년 도로을 내고 창경궁에서 종묘로 건너갈 수 있는 육교를 세웠습니다. 육교 양쪽에는 작은 문을 내고 창경궁과 종묘로 드나들게 했습니다. 율곡로가 뚫리면서 조선왕조의 근본이라 할 수 있는 종묘로 흐르는 혈맥(산의 기운)을 끊어버린 것입니다.

종묘로 통하는 창덕궁과 창경궁의 남쪽 문

창경궁과 종묘를 잇는 문이 2022년에 복원되었어요.

　서울시와 국가유산청은 조선왕조의 허리와 지맥을 끊었다는 논란과 비난이 오랫동안 그치지 않았던 율곡로의 육교를 철거하고, 2022년 7월, 90여 년 만에 창경궁과 종묘의 능선을 다시 연결하는 공사를 마무리하였습니다. 율곡로의 지하화로 터널 공사가 완료됨으로써 지하 차도로 차들을 지나게 하였습니다.

홍화문에서 바라본 옥천교와 명정문

홍화문을 들어서니 옥천교와 명정문이 보이네.

홍화문 안쪽 풍경이 너무 예쁘지.

500년을 흐르는
옥천교

　　　　　　옥천교는 홍화문 안쪽에 남북으로 흐르는 명당수 위에 놓인 창경궁의 금천교(禁川橋)입니다. 지금의 옥천교(玉川橋)는 처음의 모습을 잘 유지하고 있습니다.

　옥천교 홍예 사이에 조각한 나티는 아주 실감나는 험상궂은 표정으로 물길을 응시하고 있는데, 창덕궁 금천교의 나티처럼 제법 위엄 있어 보이네요. 그리고 옥천교 난간 엄지기둥의 동물 조각은 서로 마주 보는 생생한 표정을 짓고 있습니다. 돌다리의 규모도 창덕궁의 금천교처럼 크지는 않은데, 아무래도 이곳 옥천교에는 뭔가 다른 특별한 게 있는 듯해요.

옥천교와 나티 조각상

　창경궁의 특별함은 무엇보다도 옥천교 아래 흐르는 물길로 모든 궁궐의 명당수 중 가장 아름다운 풍경을 보여주고 있어요. 경복궁의 영제교나 창덕궁의 금천교는 다리 아래 물길이 끊어져 말라버렸는데, 옥천교의 물길은 이 다리가 세워진 이래 500년 넘도록 아직도 흐르고 있어요. 맑은 냇물이 노래하며 흐르는 소리를 들을 수 있습니다. 뿐만 아니라 개울 양쪽의 매화와 살구나무는 봄마다 예쁜 꽃을 피우고 있답니다.

명정전 현판

소박하지만 기품 있는 정전 명정전

　　명정전(明政殿)은 창경궁의 법전으로 정문인 홍화문을 따라 동향으로 앉았습니다. 성종 15년 창건되었다가 임진왜란으로 불탄 것을 1616년(광해군 8)에 재건하여 현재 궁궐의 전각 중 가장 오래된 건물입니다. 명정전은 다른 궁궐의 정전 건물이 대부분 중층 지붕으로 지어진 것과는 달리 단층입니다. 경복궁의 근정전이나 창덕궁의 인정전이 격식을 갖춘 월대 위에 중층 지붕의 위용을 보여주는 엄격함에 비해 명정전은 다소 소박하고 친근한 느낌을 주는 건물입니다.

　명정전 월대를 오르는 계단의 판석에는 봉황과 공작이 조각되어 있고, 디딤돌 전면(前面)에는 당초 문양을 조각해 놓았습니다. 소맷돌 옆의 면석에 새겨진 예쁜 구름 문양은 월대를 천상의 세계로 상징하고 있습니다.

● 인종 즉위 중종 39년(1544) 11월 20일
　중종께서 승하하자 인종이 창경궁에서 즉위하여 명정전 첨하에서 신하들의 하례를 받았습니다.

궁궐의 전각 중 가장 오래된 건물 명정전

명정전 소맷돌 면석의 구름 문양

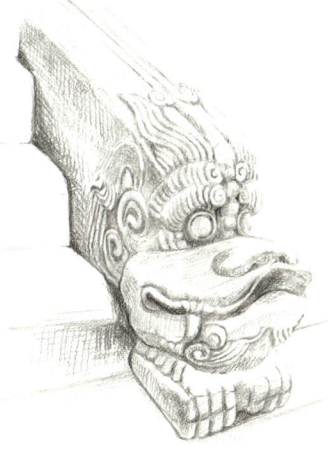

재미있는 표정의 석수 조각

명정전 천장에는 무엇이 있을까요?

창경궁 명정전 안의 천장을 보면 한가운데가 움푹 들어가 있고, 그곳에는 봉황과 오색 구름이 하늘에 떠 있는 것 같은 조각 장식이 있어요. 이곳 명정전의 어좌가 임금님이 앉는 자리라면, 봉황은 바로 국왕이 펼치는 밝은 정사로 백성들이 살기 좋은 세상을 만들어야 한다는 의미를 나타내는 것입니다. 왜냐하면 옛사람들은 봉황은 태평성대에만 나타나는 신비한 새라고 여겼거든요.

명정전 어좌

임금님은 하루를 어떻게 보냈을까요?

임금님은 날이 밝기도 전에 일어나서 어른들에게 아침 인사를 드립니다. 이렇게 시작된 하루는 신하들과의 조회, 회의, 면담으로 이어집니다.

일하는 사이사이에는 경연(經筵)이라고 불리는 공부를 해야 했어요. 아침 식사 전에 하는 공부는 조강, 점심에는 주강, 저녁에는 석강이라고 하지요. 밤이 되면 어른들에게 인사를 드리고 나서 다시 밀린 일을 하거나 보고 싶은 책을 읽습니다.

그리고 활쏘기와 말타기도 임금님이 하는 공부 중 하나였고, 글쓰기와 그림 그리기도 했답니다. 이처럼 임금님은 몸과 마음 모두를 바르게 하려고 애썼어요. 게다가 밤에 궁궐을 지키는 군사들의 명단과 서로 확인 암호까지 정했다니 정말 바쁘셨겠죠!

이렇게 바쁜 임금님이 휴식을 위해 즐기던 놀이는 무엇이 있었을까요?

화살 모양 막대기를 항아리에 던져 넣는 놀이인 '투호'와 말을 타고 공을 치는 '격구', 사냥, 그리고 쌍륙(두 개의 주사위를 가지고 노는 보드 게임) 놀이도 있었답니다.

창경궁의 편전
문정전

　　문정전(文政殿)은 창경궁의 편전으로 명정전의 옆에 바로 붙어 있습니다. 문정전 정면 남쪽 마당에 예전에 행각이 있던 흔적으로 주춧돌이 남아 있습니다. 〈동궐도〉에 보이는 문정전의 천랑(건물 정면에 이어지는 행각)은 문정전이 평시에는 정사를 돌보는 편전이었지만, 돌아가신 왕이나 왕비의 신주를 모시고 삼년상을 지내는 혼전으로도 사용되었음을 말해줍니다. 왕이 승하하고 삼년상이 끝나면 종묘에 신주를 모시지만, 왕비가 먼저 돌아가신 경우에는 왕의 삼년상이 끝날 때까지 왕비의 신주는 궁궐의 혼전에 머물렀습니다.

1757년(영조 33) 2월 세상을 떠난 영조의 첫 번째 왕비인 정성왕후의 신주를 모신 혼전으로 문정전을 사용하고, 이때 혼전의 이름은 휘령전(徽寧殿)으로 불렀습니다.

문정전에는 왕실의 슬픈 이야기가 숨어 있어요. 문정전(휘령전)에서 사도세자가 죽는 임오화변의 비극이 시작되었습니다. 사도세자는 문정전 동쪽의 선인문 안쪽 마당에서 뒤주에 갇혀 죽었습니다.

혜경궁 홍씨와 사도세자 이야기

　사도세자는 열 살에 홍봉한의 딸과 혼인하였습니다. 영조는 세자와 동갑내기인 어린 혜경궁을 보자 "내가 아름다운 며느리를 얻었도다. 너를 보니 네 할아버지 생각이 나는구나" 하고 기뻐했습니다. 당시 혜경궁의 집안은 비록 가난했지만, 조상 대대로 조선에서 손꼽히는 명문 가문이었습니다.

　장차 왕이 될 세자의 부인(세자빈)이 된다는 것은 조선시대 여인들에게 최대의 영광이었습니다. 그러나 왕실의 외척(사돈)이 된다는 것이 반드시 기뻐할 일만은 아니었습니다.

　혜경궁이 시집온 지 6년 만에 첫째 아들을 낳았습니다. 영조 임금님은 첫 손자(의소세손)를 왕세손으로 책봉하였습니다. 그러나 영조 임금님의 손자 의소세손은 세 살이 되던 해 죽었습니다. 첫 손자를 잃은 할아버지 영조는 몹시 슬퍼했습니다. 그러나 영조 임금님의 큰 슬픔을 잊게 할 경사가 곧 이어졌으니 혜경궁이 둘째 아들을 낳은 것입니다. 바로 정조 임금님의 탄생입니다. 영조 임금님의 기쁨은 어디에 비할 바 없이 컸습니다. 모든 사람이 혜경궁을 우러러 칭찬하고 축하하였습니다.

　원손이 태어나 왕실의 기쁨으로 행복했던 그때, 사도세자에게 정신질환의 증세가 나타나기 시작했습니다. 사도세자는 총명하였으나, 아버지 영조가 아들에게 거는 기대는 지나치게 엄격했습니다.

왕세자는 늘 아버지 앞에서 또 꾸중을 듣지 않을까 긴장하고 힘들어했습니다. 그러는 사이 세자의 병은 점점 깊어지고 드디어 왕은 세자를 폐하기로 결심하였습니다. 1762년 사도세자가 28세 되던 해 영조 임금님은 창경궁 휘령전(문정전, 정성왕후의 혼전)에 거둥하여 세자를 폐하고 뒤주에 가뒀습니다. 그리고 9일째 되는 날 세자는 뒤주 속에서 죽었습니다. 아들이 죽자 영조는 세자를 복위시키고 사도세자라는 호를 내렸으며, 경희궁으로 돌아갔습니다.

왕세손 정조는 할아버지를 따라갔습니다. 영조 52년(1776) 3월 5일에 영조가 승하하고, 정조가 경희궁의 숭정문(崇政門)에서 즉위하였습니다. 정조는 즉위식을 마치고 관리들을 향해 "아! 과인은 사도세자의 아들이다"라고 말했습니다. 정조는 아버지의 사당인 경모궁을 바로 월근문 밖 함춘원(현 서울대학교병원 자리)에 세워 모셨습니다.

정조는 즉위한 다음해에 창경궁에서 경모궁이 바라보이는 언덕에 어머니 혜경궁 홍씨를 위해 자경전을 지어 드렸습니다. 그리고 아버지의 무덤을 수원 화산으로 옮기면서 현륭원이라 하고, 이후 해마다 사도세자의 생신날에 찾아뵈었습니다. 사도세자는 고종 때 장조(莊祖)로 추존되어 신주가 종묘에 모셔졌습니다.

> 문정전은 사도세자의 슬픈 이야기가 서려 있어요.

학문을 드높이는
숭문당

　　　　　　　　명정전 뒤편에는 좁은 공간을 확장하는 익랑과 빈양문(賓陽門)으로 이어지는 천랑을 달고 있습니다. 명정전 뒤에 있는 숭문당(崇文堂)은 광해군 때 처음 건립되었습니다.

　'숭문(崇文)'은 문치를 숭상하는 의미로 '학문을 숭상한다'는 뜻입니다. 학문을 좋아하는 영조 임금님은 이곳에서 성균관 유생들을 접견하고 시험이나 주연을 베풀었습니다. 임금님이 이곳 숭문당에서 신하들과 함께 유교 경전을 공부하면서 좋은 정치를 펼치겠다는 다짐을 하였을 것입니다.

명정전 뒤편 익랑

명정전 뒤편은 복도 지붕이 여러 개 겹쳐 있네.

좁은 공간을 확장하는 익랑과 천랑으로 연결되어 있지.

사계절을 노래한
함인정

　　　　명정전 뒤편의 빈양문을 들어서면 창경궁의 내전 영역이 시작됩니다. 왕은 주로 창덕궁에 기거했으므로 창경궁이 왕실의 생활공간으로 사용되었습니다. 빈양문을 지나 마당 한가운데에 처음 눈에 들어오는 함인정(涵仁亭)은 마치 금세 하늘로 날아갈 듯 날개 편 모습으로 아름다운 자태를 뽐내는 정자입니다.

함인정과 오래된 주목

함인정은 임금님이 신하들을 접견하거나 신하들과 시를 지으며 쉬는 장소로 많이 사용되었습니다. 함인정 앞의 넓은 마당은 〈동궐도〉에도 그대로 나와 있어, 이곳에서 각종 공연과 연회가 열렸음을 짐작할 수 있습니다. 성종 임금님은 어머니를 위해서 생신잔치를 하고, 영조 임금님은 함인정 앞마당에서 과거(科擧)에 합격한 사람들을 만나 축하하였답니다. 과거의 마지막 시험은 궁궐 마당에서 치렀고, 이때 임금님이 참관을 하기도 했어요. 마지막 시험, 대과에서 합격한 사람은 붉은색 종이의 합격 증서 홍패를 받았습니다.

그리고 함인정 마루에 앉아 내부를 둘러보면 동서남북 네 면에 각각 사계절의 아름다움을 한 구절씩 노래한 시가 정자 안쪽에 붙어 있습니다. 봄 노래를 동쪽에, 여름-남쪽, 가을-서쪽, 겨울-북쪽에 두어 계절을 상징하는 각 방향에 따라 시가 한 편씩 걸려 있습니다.

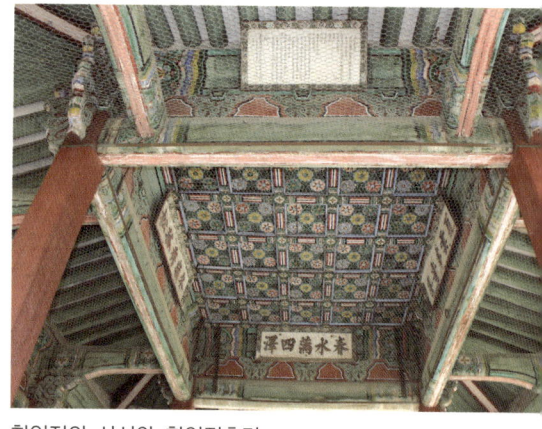

함인정의 사시와 함인정추기

동쪽　춘수만사택(春水滿四澤: 봄 물은 사방 큰 못에 가득하고)
남쪽　하운다기봉(夏雲多奇峯: 여름 구름은 기이한 봉우리도 많도다)
서쪽　추월양명휘(秋月揚明輝: 가을 달은 밝은 빛을 드날리고)
북쪽　동령수고송(冬嶺秀孤松: 겨울 산마루엔 한 그루 소나무가 빼어나도다)

환경전과 경춘전

함인정 뒤편으로 환경전(歡慶殿)·경춘전(景春殿) 등의 침전이 있고, 그 북쪽으로 통명전(通明殿)이 있습니다. 환경전에서 통명전에 이르는 일대는 왕과 왕비, 또는 왕실 가족이 지내던 곳입니다.

환경전은 임금님이 나랏일을 보거나 몸이 아프다든지 하면 휴식을 취하기 위해 머물던 건물이고, 그 옆에 있는 경춘전은 왕실 여성들이 사용하던 곳입니다.

환경전은 왕이나 세자 등 주로 남자들이 사용했던 공간으로, 중종 임금님과 소현세자가 이곳에서 승하했습니다. 소현세자는 병자호란이 끝난 후 청나라에 인질로 끌려가 약 8년간 머물다가 1645년 귀국하였습니다. 소현세자는 서울에 돌아온 지 두 달 뒤 환경전에서 갑자기 사망했습니다.

경춘전은 원래 대비전으로 쓰였던 건물로 소혜왕후, 인현왕후, 혜경궁 홍씨 등이 사용했던 여자들의 공간입니다. 《궁궐지》에는 정조 임금님이 '탄생전(誕生殿)'이라는 현판을 이곳에 직접 써서 걸었다고 적고 있습니다.

정조 임금님은 1752년(영조 28) 창경궁 경춘전에서 태어났습니다. 정조 임금님이 태어나기 전, 아버지 사도세자는 용이 침실로 들어와 여의주를 갖고 노는 꿈을 꾼 후 혜경궁에게 아들이 태어날 것이라고 말하였습니다. 그후 사도세자는 꿈에 본 용을 흰 비단에 그려 경춘전 동쪽 벽에 걸어두었다고 합니다. 이 그림을 볼 때마다 정조 임금님은 아버지를 생각하며 울었답니다.

정조가 태어난 경춘전

왕실 이야기를 품은 창경궁

왕비님의 공간
통명전

    통명전(通明殿)은 창경궁의 중궁전(中宮殿)으로, 집의 이름에는 왕세자의 탄생을 기다리는 의미가 숨겨 있습니다. 왕비는 어머니로서 훌륭한 왕세자를 낳고 교육하는 일 등을 했습니다. 통명전은 용마루가 없는 무량각 지붕에 넓은 월대를 갖춘 건물로, 앞마당에는 박석을 깔았습니다.

    통명전은 왕비께서 잠을 자는 침전의 용도뿐 아니라 왕비의 집무실로 사용되었습니다. 통명전의 월대는 왕비께서 공식 행사를

통명전과 양화당

치르던 중요한 공간으로, 왕실 가족이나 내외명부(內外命婦)를 위한 잔치를 치르기도 했습니다.

왕비님은 나라의 어머니로서 덕을 쌓아 모범을 보이고, 왕의 부인으로서 궁궐 안 살림을 맡아서 일했습니다. 왕비님은 궁궐 안의 여성인 내명부(內命婦)와 궁궐 밖 사대부가의 부인들인 외명부(外命婦)의 품계를 다스리는 국가의 수장입니다. 왕비님께서는 후궁을 비롯한 궁녀들을 다스리며, 관리들의 아내에게 모범을 보이고 질서를 잡았습니다.

바깥 나들이가 쉽지 않은 왕비님을 위해 연못을 만들고, 뒤편에는 꽃과 나무를 심어 아름답게 꾸민 화계(花階)도 있어요.

통명전 옆 건물 양화당(養和堂)은 인조 임금님이 병자호란 때 남한산성으로 피난 갔다가 돌아와 머무셨던 곳이에요.

통명전의 연지

와! 연지가 너무 아름답게 꾸며져 있네.

바깥 나들이가 쉽지 않은 왕비님을 위해 만들어졌어.

어진 국모를 찾아라

왕세자빈이나 왕비를 뽑을 때는 용모도 중요하지만 지혜롭고 마음씨가 고운 사람을 찾아야 합니다. 여러 후보 중에서 배우자(신붓감)를 가려 뽑는 왕실의 혼사(결혼)는 세 차례의 간택 절차를 걸쳐 진행되었습니다. 초간택에 먼저 6명 정도를 뽑고, 재간택에는 그중 세 명을 고르고, 삼간택에서 왕실 어른들이 세 명 중 마지막 한 명을 선택합니다.

이렇게 삼간택에서 뽑힌 왕비는 그날부터 궁궐 근처의 별궁에 모셔져서 가례 날까지 왕비로서 갖추어야 할 왕실의 법도를 익히고 여러 가지 교육을 받았습니다. 그동안 왕실에서는 신부에게 혼인의 징표로 왕이 내리는 문서(교명문)와 폐물을 보내고 혼인 날짜를 잡은 뒤 왕비로 책봉하는 의식을 치릅니다. 그 후 임금이 직접 별궁으로 가서 왕비를 맞이하여 궁궐로 함께 돌아오는데, 영조 임금님은 별궁에 있던 정순왕후를 모시고 통명전으로 들어왔어요.

어머니를 위한 집 자경전

　　　　　현재 통명전 서쪽으로는 높은 계단이 있고 계단을 올라 오른편으로 창덕궁으로 통하는 함양문(咸陽門)이 있습니다. 창덕궁 쪽에서 함양문으로 들어서면 높은 언덕에서 창경궁 전체를 내려다볼 수 있는 곳입니다.

《궁궐지》에 이르기를 자경전(慈慶殿)은 통명전 북쪽에 있다고 기록되어 있는데, 이 언덕의 산책길에서 자경전 터 표지석을 볼 수 있습니다.

자애로우신 어머니 자전(慈殿)께서 오래 사시기를 기원했던 집, 자경전입니다. 정조 임금님은 어머니 혜경궁 홍씨를 위해 돌아가신 아버지(사도세자)의 사당 경모궁이 바라보이는 이곳에 자경전을 지어 드렸던 것입니다. 자경전은 건너편의 경모궁과 서로 마주보며 남편 잃은 지어미의 슬픔을 위로해 드리려는 아들의 배려로 지어진 집입니다.

> 자경전은 정조가 어머니 혜경궁 홍씨를 위해 지은 집이었어요.

자경전 터가 있는 산책로에서 바라본 통명전과 양화당 뒤편

여기 산책길 높은 곳에서 창경궁 전경이 보이네.

통명전 서쪽으로는 창덕궁으로 통하는 길과 연결되어 있어.

성종대왕 태항아리

　　　　　　자경전 터를 지나 양화당 뒤편의 동쪽 언덕 숲길로 따라가면 성종대왕 태실(胎室)이 나옵니다. '태실'은 왕실 자손의 출산 후 그 태를 봉안하는 곳입니다.

　창경궁 숲길의 성종대왕 태실은 원래는 경기도 광주군에 있던 것을 1928년 이곳에 옮겨 온 것입니다. 일제강점기에 전국에 흩어져 있는 태실을 보전하기 어렵게 되자 상태가 가장 좋은 성종대왕 태실의 석물을 창경원으로 옮겨 연구용으로 삼았다고 해요.

　태실의 동쪽을 보면 거북이 모양의 받침돌이 등에 지고 있는 비석 앞면에 '성종대왕태실(成宗大王胎室)'이라 쓰여 있습니다.

아기씨의 탄생을 명하드립니다

왕비님께서 아기를 낳을 때가 가까워지면 산실청을 세웁니다. 산실청은 왕실 의원과 관리들이 왕비님께서 아기를 낳을 때까지 산모의 건강을 살피고 아기가 무사히 태어날 수 있게 돕는 임시기관입니다.

왕실에 아기씨(왕자와 공주)가 태어나면 나라는 온통 축제 분위기가 됩니다. 돌아가신 조상님이 계시는 종묘에도 인사를 드립니다.

왕세자가 되면 어릴 때부터 여러 스승을 모시고 교육을 받았어요. 좋은 교육을 받은 왕세자가 현명한 임금님이 되어 백성을 위한 정치를 펼쳐 나라를 다스리면 사람들이 살기 좋은 태평성대가 되겠지요?

아기가 태어나기 전에 엄마와 아기를 이어주는 생명줄을 태(胎)라고 합니다. 아기가 태어나면 태도 함께 엄마 몸 밖으로 나오는데, 옛날에는 태를 함부로 버리지 않았어요. 태를 잘 보관해야 그 사람의 앞날에 좋은 일이 생긴다고 믿었거든요. 왕실에서는 왕손이 태어나면 그 태를 깨끗이 닦은 뒤, 태항아리에 담아 지세가 좋은 곳에 태실을 조성하였습니다. 태실을 세운 산을 태봉(胎峯)이라고 하는데, 경계를 세워 사람들이 함부로 드나들지 못하도록 했습니다.

집복헌과 영춘헌

집복헌과 영춘헌은 독립된 별개의 건물이었으나, 현재의 두 건물은 서로 맞닿아 있어요. 동쪽 건물은 영춘헌이고, 서쪽이 집복헌입니다. 왕실의 생활공간으로 쓰였던 집복헌에서 사도세자와 순조 임금님이 태어났습니다. 정조 임금님은 어머니 혜경궁을 위하여 자경전을 지어드린 후, 영춘헌에서 책 읽고 업무를 보았습니다.

집복헌과 영춘헌

집복헌 옆 너럭바위 계단

천문을 관측하던
관천대

　　　　　문정전 남쪽 숲에 돌로 쌓아올린 관천대(觀天臺)가 있습니다. 관천대는 조선시대 간의를 설치하여 천문을 관측하던 시설물입니다. 원래는 창덕궁 후원의 금마문 밖에 있었으나, 일제강점기 때 창경궁 내 현재 위치로 옮겼습니다. 조선시대 천문대 양식을 나타내는 대표적인 유물(보물 제851호)로 관상감의 관원들은 이곳에서 하늘에서 일어나는 모든 현상을 끊임없이 관측하였습니다.

창경궁의 연못 춘당지

창경궁에는 아주 커다란 연못이 있습니다. 〈동궐도〉에 보면 원래 춘당지(春塘池)에서 흘러나오는 물길 양쪽으로 나란히 열한 개의 논이 있습니다. 조선시대 임금님이 친히 농사짓던 권농장은 바로 창경궁 후원 춘당지의 개울을 끼고 있는 논이었습니다. 궁궐 안에 논을 두어 임금이 직접 농사지어 보면서 백성들이 농사짓는 수고를 알고 계절을 살피려 했던 것입니다. 〈동궐도〉에 그 논 아래쪽 물길에 풍년을 기원하는 관풍각(觀豊閣)이 있습니다.

춘당지의 원앙새

영조 임금님은 후원 논에 벼를 심는 날 사도세자와 함께 관풍각에 나아가 세자에게 농사의 어려움을 알게 하였습니다. 농사가 잘 되면 백성이 배부르게 먹을 수 있으니 임금님도 기뻐하셨어요.

현재 창경궁의 춘당지 연못은 일제강점기에 창경궁을 창경원으로 만들면서 연못을 크게 파는 바람에 왕이 친경하던 내농포(內農圃)가 사라졌습니다. 일제강점기에는 연못 가장자리에 일본식 정자를 세웠고, 해방 후 1962년에는 창경원 전체를 내려다볼 수 있는 케이블카가 설치되기도 했습니다. 온갖 놀이 시설이 들어섰던 춘당지 주변은 1980년대의 정비를 마치고 창경궁의 후원으로 우리에게 돌아왔습니다. 그러나 조선시대 춘당지 아래쪽에 있던 내농포는 창경궁을 복원 정비를 하면서도 되살리지 못했습니다. 조선시대 궁궐에서 임금님이 백성을 생각하는 어진 마음으로 친경을 펼쳤던 권농장을 되살리지 못하는 것이 몹시 아쉬워요.

〈동궐도〉에 보이는 임금님의 논과 관풍각

왕비님의 친잠례란 무엇인가요?

성종 임금님 때부터 왕비가 내외명부(內外命婦)를 거느리고 후원에 나가 친잠례를 행했습니다. 조선시대의 왕과 왕비는 각기 농사와 양잠의 시범을 보이며 농정을 살폈는데, 왕실에서 친경례(親耕禮)와 친잠례(親蠶禮)를 하는 것은 왕과 왕비가 몸소 체험하여 모범을 보이고 백성의 수고를 헤아리는 어진 마음을 표현한 전통입니다. 친잠례는 왕비님이 모처럼 집 밖으로 나가 위엄을 보이는 기회가 되었어요. 친잠례는 아주 엄격한 의식이라서 왕비님께서 입는 옷의 색이나 절차에 이르기까지 왕비마마를 중심으로 진행되기 때문이에요.

> 왕친잠례는 아주 엄격한 의식이었어요.

1923년 6월 순종비 순정효황후께서 창덕궁 서향각(書香閣)에서 누에고치를 따는 의식을 했습니다. 서향각에는 황후께서 친잠을 한 뒤 '어친잠실(御親蠶室)'과 '친잠권민(親蠶勸民)' 두 개의 현판을 걸어놓았습니다.

100년의 역사
대온실

　　　　　　춘당지 북쪽에 있는 대온실은 100년 전에 지은 아름다운 유리 건물입니다. 지붕 꼭대기에 오얏꽃 장식을 올려서 대한제국 황실 식물원이었다는 것을 보여주고 있습니다. 우리나라 최초의 서양식 온실로 동양에서 제일 큰 식물원이었어요.

　온실 앞에는 분수가 있는 유럽식 정원으로 꾸미고, 당시 우리 땅에서는 보기 힘든 열대지방의 식물과 각종 희귀식물을 전시하였습니다. 현재는 우리 땅의 야생 식물을 보여주고 있습니다.

활을 쏘던 정자
관덕정

춘당지 북쪽에서 대온실을 왼편에 두고 숲길로 들어가면 제법 큰 정자가 나옵니다. 관덕정은 활을 쏘던 정자입니다. 창덕궁 춘당대에서 활을 쏘면 이 관덕정 앞에 과녁을 설치했다고 해요. 활쏘기를 좋아했던 정조 임금님은 후원에서 신하들과 함께 활을 쏘았습니다. 관덕정 아래에는 군사들이 활쏘기, 말타기 연습을 할 수 있는 넓은 공간도 있었어요.

활을 쏘던 관덕정

부록—조선의 왕위계보

대	국왕	즉위년도	재위 기간	즉위 장소	참고
1대	태조	1392년	6년	개경 수창궁	개경에서 즉위 후 한양 천도
2대	정종	1398년	2년	경복궁 근정전	개경으로 수도를 다시 옮김
3대	태종	1400년	18년	개경 수창궁	개경에서 한양으로 돌아옴
4대	세종	1418년	32년	경복궁 근정전	
5대	문종	1450년	2년	동별궁 빈전	세종대왕이 동별궁에서 승하
6대	단종	1452년	3년	경복궁 근정문	세조에게 양위
7대	세조	1455년	13년	경복궁 근정전	
8대	예종	1468년	1년	수강궁 중문	세조가 수강궁에서 승하
9대	성종	1469년	25년	경복궁 근정문	
10대	연산군	1494년	12년	창덕궁 인정문	
11대	중종	1506년	38년	경복궁 근정전	중종반정
12대	인종	1544년	8개월	창경궁 명정전	
13대	명종	1545년	22년	경복궁 근정문	
14대	선조	1567년	41년	경복궁 근정전	
15대	광해군	1608년	15년	정릉동행궁 서청	선조가 정릉동 행궁에서 승하
16대	인조	1623년	26년	경운궁 즉조당	인조반정
17대	효종	1649년	10년	창덕궁 인정문	
18대	현종	1659년	15년	창덕궁 인정문	
19대	숙종	1674년	46년	창덕궁 인정문	
20대	경종	1720년	4년	경희궁 숭정문	
21대	영조	1724년	52년	창덕궁 인정문	
22대	정조	1776년	24년	경희궁 숭정문	
23대	순조	1800년	34년	창덕궁 인정문	
24대	헌종	1834년	15년	경희궁 숭정문	
25대	철종	1849년	14년	창덕궁 인정문	
26대	고종	1863년	44년	창덕궁 인정문	특사 파견을 빌미로 강제 퇴위
27대	순종	1907년	3년	경운궁 돈덕전	

부록—임금님과 왕실에 관련한 말 잇기

임금님과 왕실에 관련한 말을 줄로 이어 보세요.

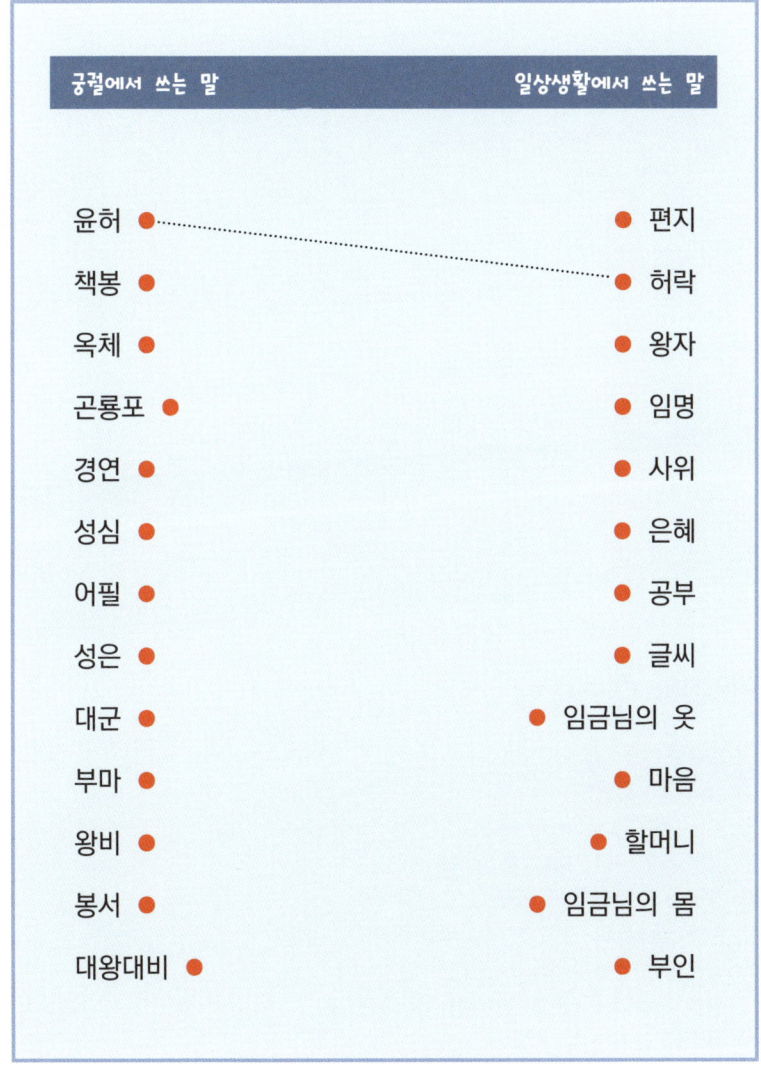

부록—십자낱말풀이

〈가로 열쇠〉

① 단청을 하지 않은 헌종이 머물던 집
⑤ 창덕궁의 정문
⑥ 비단 같은 물길 위에 세운 다리
⑦ 창덕궁과 창경궁을 합쳐 부르는 이름
⑪ 창덕궁 후원의 연꽃 모양을 한 정자
⑫ 정조 임금님이 지은 창덕궁 후원의 왕실 도서관
⑬ 왕실 어른들에게 아침에 드리는 인사
⑯ 왕실 자손의 출산 후 그 태를 봉안하는 곳
⑰ 뒤주에 갇혀 생을 마감한 정조 임금님의 아버지

⑲ 정조 임금님이 태어난 집
㉒ 창경궁의 전각 중 왕비님이 생활한 곳
㉔ 유네스코 세계유산으로 태종 임금님이 지은 궁궐
㉕ 신하들이 임금님을 부를 때 쓰는 말

〈세로 열쇠〉

② 왕위를 물려줌
③ 학자를 키워낸다고 알려진 나무
④ 500년을 흐르는 창경궁의 금천교
⑧ 궁궐 안의 관청으로 관리들이 일하던 공간
⑨ 입구에 현관이 있고 서양식 가구로 꾸며진 임금님의 편전
⑩ 창경궁 건물 중 학문을 드높이는 의미를 가진 집
⑭ 창덕궁의 정전
⑮ 궁궐에서 임금님이 다니던 길
⑯ 왕실의 아기가 태어날 때 태를 보관하던 항아리
⑱ 정조 임금님이 어머니를 위해 지은 집
⑳ 창경궁 후원의 아름다운 연못
㉑ 성종 임금님이 할머니와 어머니를 위해 효심으로 지은 궁궐
㉓ 창경궁의 정전

정답
- 가로 열쇠-1 낙선재, 5 돈화문, 6 금천교, 7 동궐, 11 부용정, 12 규장각, 13 문안, 16 태실, 17 사도세자, 19 경춘전, 22 통명전, 24 창덕궁, 25 전하
- 세로 열쇠-2 선위, 3 회화나무, 4 옥천교, 8 궐내각사, 9 희정당, 10 숭문당, 14 인정전, 15 어도, 16 태항아리, 18 자경전, 20 춘당지, 21 창경궁, 23 명정전